صحافتی مزاحمت

اشعر نجمی

Bright Books

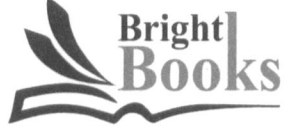

© Ashar Najmi

Sahafati Muzahmat
by Ashar Najmi
Bright Books, Thane, India
1st Edition : October 2024
ISBN: 978-81-981294-1-3

اس کتاب کا کوئی بھی حصہ مصنف یا ناشر کی پیشگی اجازت کے بغیر کسی بھی وضع یا جلد میں
کلّی یا جزوی، منتخب یا مکرر اشاعت یا بہ صورت فوٹو کاپی، ریکارڈنگ، الیکٹرانک، میکنیکل
یا ویب سائٹ پر اَپ لوڈنگ کے لیے استعمال نہ کیا جائے۔ نیز اس کتاب پر کسی بھی
قسم کے تنازعہ کو نمٹانے کا اختیار صرف ممبئی کی عدلیہ کو ہوگا۔

Bright Books
Mira Road East, Dist. Thane, India
nidabattiwala@gmail.com

فہرست

پروپیگنڈا اور میڈیا	نوم چومسکی/ اشعر نجمی	04
ہندوستان کی زوال پذیر جمہوریت کے اثرات	اروندھتی رائے	07
فرقہ واریت اور صحافت	رویش کمار	19
کیوں صفر ہوگئی مسلمانوں کی سیاسی حیثیت؟	محمد حنیف خان	24
بلڈوزر پر سوار ہندوفسطائیت	اروندھتی رائے	27
بلوچستان میں گمشدگیوں کا مسئلہ	ملک سراج اکبر	31
فلسطین کی لڑائی ہماری بھی لڑائی ہے	اروندھتی رائے	34
الیکشن کا کاروبار اور کارپوریٹ ادارے	افتخار گیلانی	42
بندوق کے سائے میں آئین بدلنا صحیح ہے؟	انوراگ مودی	48
کسانوں کا احتجاج اور رتی بھر جمہوریت	شکیل رشید	51
میڈیا کا خاکہ	اروند داس/ خان حسنین عاقب	53
سیاست میں بھکتی: تاناشاہی کی کلید	کویتا کرشنن	61

پروپیگنڈا اور میڈیا (اقوال)

نوم چومسکی

ترجمہ: اشعر نجمی

نوم چومسکی (پیدائش: 7 دسمبر 1928) ایک معروف ماہر لسانیات، فلسفی، نقاد، سیاسی کارکن اور مصنف ہیں۔ ان کے ایکٹیوزم اور امریکی خارجہ پالیسی پر شدید تنقید نے انھیں عالمی شہرت یافتہ دانشور بنا دیا ہے۔ یہاں پیش کردہ اقتباسات ان کے اور ایڈورڈ ایس ہرمن کی 1988 میں شائع کتاب 'Manufacturing Consent: The Political Economy Of The Mass Media' سے اور goodreads.com سے بشکریہ ماخوذ ہے۔

پروپیگنڈا عام طور پر اشرافیہ کے مفادات سے گہرا تعلق رکھتا ہے۔ 1919-20 کے 'سرخ خوف' نے پوری دنیا میں پہلی جنگ عظیم کے بعد سیل اور دیگر فیکٹریوں میں جاری یونین کی تشکیل کو روکنے کے لیے بہت اچھے طریقے سے کام کیا۔ اسی طرح، ٹرومن میک کارتھی کے پیدا کردہ 'سرخ خوف' (لوگوں کو بائیں بازو کے انتہا پسندوں کے بارے میں متنبہ کرنا) نے سرد جنگ کا آغاز کرنے اور ایک مستقل جنگی معیشت بنانے میں بہت مدد کی... انھوں نے سوویت یونین سے اختلاف کرنے والوں کی حالت پر مسلسل اپنی توجہ برقرار رکھی۔ یہی کام انھوں نے کمبوڈیا میں دشمنوں کے قتل اور بلغاریہ کے ساتھ تعلقات کے سلسلے میں بھی کیا۔ اس سے ویتنام کے سنڈروم کو توڑنے میں، سیکورٹی کے نام پر ہتھیاروں کی ذخیرہ اندوزی کو جائز قرار دینے اور ایک جارحانہ خارجہ پالیسی کو نافذ کرنے میں مدد ملی۔ اور یہ سب کچھ اعلیٰ طبقے کے درمیان آمدنی کی دوبارہ تقسیم سے توجہ ہٹانے کے لیے کیا گیا، یہ ریگن کی داخلی اقتصادی پالیسی کا مرکز تھا۔

اس نظام (جو پروپیگنڈے کو پھیلانے میں مدد کرتا ہے) کی خوبصورتی ہی یہ ہے کہ یہ اختلافی اور تکلیف دہ معلومات کو کنٹرول میں اور حاشیے پر رکھتا ہے تاکہ ان کا وجود اس بات کو تو یقینی بنا ہی دے کہ نظام یک سنگی نہیں ہے لیکن یہ اختلاف اتنے بڑے نہیں ہونے چاہئیں کہ وہ سرکاری ایجنڈے میں کسی خاص مداخلت کا باعث بنیں۔

ٹیلی ویژن پر بڑے بڑے کارپوریٹ ایڈورٹائزر شاذ و نادر ہی ایسے پروگراموں کو سپانسر کرتے ہیں جو کارپوریٹ کی سرگرمیوں کی سنجیدہ اور تنقیدی تجزیوں میں ملوث ہوتے ہیں، پھر خواہ وہ ماحولیاتی انحطاط سے متعلق ہو، فوجی یا صنعتی شعبے کے کام کرنے کا طریقے پر گفتگو ہو، یا پھر کوئی، تیسری دنیا میں آمریتوں کی کارپوریٹ حمایت اور ان کے منافع کے بارے میں بات کرے۔

کسی بھی پروپیگنڈہ ماڈل میں کھلے بازار کے مفروضوں کی ابتدائی ساکھ ہوتی ہے۔ بظاہر نجی میڈیا، وہ بڑے کارپوریٹ ہیں جو دیگر تجارت (مشتہر کنندگان) کو ایک پروڈکٹ (قارئین اور ناظرین) فروخت کر رہے ہیں۔ قومی میڈیا صرف اشرافیہ کے مسائل اور تصورات پر توجہ دیتا ہے۔ اس سے جہاں ایک طرف، اشتہارات کے انتخاب کے لیے ایک بہتر 'پروفائل' بنانے میں مدد ملتی ہے، وہیں دوسری طرف، یہ نجی اور سماجی شعبوں میں فیصلہ سازی میں بھی اہم کردار ادا کرتے ہیں۔ اگر قومی میڈیا دنیا کی تسلی بخش حقیقت پسندانہ عکاسی نہیں کرتا، تو اسے اپنے اشرافیہ ناظرین کی ضروریات کو پورا کرنے کے قابل نہیں سمجھا جائے گا۔ یہی میڈیا دنیا کی اپنی تشریح میں ان اشرافیہ کے لوگوں، سرکاری اور نجی اداروں، خریداروں، دکانداروں وغیرہ کی ضروریات اور خدشات کو پیش کرنا ان کا 'سماجی مقصد' ہے۔

یہ دانشوروں کی ذمہ داری ہے کہ وہ سچ بولیں اور جھوٹ کا پردہ فاش کریں

ہمیں ہیرو کی تلاش میں نہیں رہنا چاہیے۔ ہمیں اچھے تصورات کی تلاش میں رہنا چاہیے۔

میں سمجھتا ہوں کہ زندگی کے ہر پہلو میں اقتدار، درجہ بندی اور حکمرانی کی کوششوں میں لگے مراکز کو پہچاننے اور انھیں چیلنج کرنے کی کوشش کرنی چاہیے۔ جب تک کہ ان کے وجود کی کوئی معقول وجہ نہ دی جائے، وہ

غیر قانونی ہیں اور انھیں تباہ کر دینا چاہیے۔ آزادی کے لیے انسان کی امید اسی کے ذریعے بڑھے گی۔

بہتر پروپیگنڈے کا پورا کام یہی ہے۔ آپ ایک ایسا نعرہ بننا چاہتے ہیں جس کے خلاف کوئی نہیں جائے گا اور جس کی سب حمایت کریں گے۔ کوئی نہیں جانتا اس نعرے کا کیا مطلب ہے، کیوں کہ اس کا کوئی مطلب ہے ہی نہیں۔

ہندوستان کی زوال پذیر جمہوریت کے اثرات

اروندھتی رائے

اروندھتی رائے کو 12 ستمبر 2023 کو لوزان، سوئٹزرلینڈ میں 2023 کے 'یورپین ایسسے پرائز فار لائف ٹائم اچیومنٹ ایوارڈ' سے سرفراز کیا گیا ہے، ذیل میں ان کے خطبے کا مکمل متن پیش کیا جا رہا ہے۔

یورپین ایسسے ایوارڈ 2023 سے سرفراز کرنے کے لیے میں چارلس ویلیوں فاؤنڈیشن کا شکریہ ادا کرتی ہوں۔ یہ شاید ابھی ظاہر نہ ہو کہ مجھے یہ اعزاز حاصل کرتے ہوئے کتنی خوشی ہو رہی ہے۔ عین ممکن ہے کہ میں مسرت اور شادمانی کے جذبے سے سرشار ہوں۔ مجھے سب سے زیادہ خوشی اس بات سے ہو رہی ہے کہ یہ ایوارڈ ادب کے لیے ہے، امن کے لیے نہیں۔ ثقافت یا ثقافتی آزادی کے لیے نہیں، بلکہ ادب کے لیے۔ لکھنے کے لیے۔ اور اس قسم کے مضامین لکھنے کے لیے جو میں لکھتی ہوں اور پچھلے 25 سالوں سے لکھتی آ رہی ہوں۔

یہ مضامین قدم بہ قدم ہندوستان کی اکثریت پسندی میں اور پھر بالکلیہ فاشزم میں رو بہ زوال کا نقشہ پیش کرتے ہیں (حالاں کہ کچھ لوگ اسے ترقی کے طور پر دیکھتے ہیں)۔ ہاں، ہمارے یہاں ابھی بھی انتخابات ہوتے ہیں، اور اسی کے باعث، ایک بھروسے مند عوامی حمایت حاصل کرنے کے لیے حکمراں بھارتیہ جنتا پارٹی (بی جے پی) کے ہندو بالادستی کے پیغام کو بڑی بے رحمی سے 1.4 ارب لوگوں کی اس آبادی کے درمیان پہنچایا گیا ہے۔

نتیجتاً، الیکشن ہمارے ملک میں ایک موسم ہے: قتل کا موسم، سڑکوں گلیوں میں پیٹ پیٹ کر ہلاک کر دیے جانے کا موسم، اشاروں میں زہریلے پیغامات کی تشہیر کا موسم۔ یہ ہندوستان میں اقلیتوں، بالخصوص مسلمانوں اور عیسائیوں کے لیے سب سے خطرناک وقت ہوتا ہے۔ اب ہم صرف اپنے لیڈروں سے نہیں بلکہ اپنی آبادی کے ایک پورے حصے سے ڈرتے ہیں۔ اب ہماری سڑکوں پر، ہمارے کلاس روم میں، اور بہت سے دوسرے عوامی

مقامات پر، ہم مشاہدہ کرتے ہیں کہ برائی کس طرح معمولی اور روزمرہ کی چیز بنادی گئی ہے۔

مین اسٹریم میڈیا کو، 24 گھنٹے چلنے والے سینکڑوں نیوز چینلوں کو فاشسٹ اکثریت پسندی کی مہم میں شامل کرلیا گیا ہے۔ ہندوستان کے آئین کو دراصل ایک طرف رکھ دیا گیا ہے۔ انڈین پینل کوڈ کو از سرنو لکھا جارہا ہے۔ اگر موجودہ حکومت 2024 کے انتخابات میں اکثریت حاصل کر لیتی ہے تو بہت ممکن ہے کہ ہم ایک نئے آئین کا مشاہدہ بھی کریں۔

یہ بھی عین ممکن ہے کہ جسے حد بندی کہتے ہیں، اس پر عملدرآمد کیا جائے۔ یہ انتخابی حلقوں کی نئی حدیں کھینچنے کا عمل ہے، جسے امریکہ میں جیری مینڈرنگ کہتے ہیں۔ ہوسکتا ہے کہ حد بندی کا استعمال کرتے ہوئے شمالی ہندوستان میں ہندی بولنے والی ریاستوں کو زیادہ پارلیامانی نشستیں دے دی جائیں، جہاں بی جے پی کا ایک ووٹ بینک ہے۔ اس سے جنوبی ریاستوں میں شدید ناراضگی پیدا ہوگی۔ یہ ایسا قدم ہے جو ہندوستان کو ایک ایسے ملک میں تبدیل کرسکتا ہے جہاں مختلف خطوں کے درمیان اختلاف اور تصادم کی صورتیں پیدا ہو جائیں۔

انتخابات میں ان کی شکست کا امکان کم ہی ہے۔ لیکن وہ ہار جائیں تب بھی احساس برتری کا زہر معاشرے میں بہت اندر تک پھیل چکا ہے۔ اس نے لگام لگائے رکھنے کے لیے ذمہ دار ہر عوامی ادارے کو کھوکھلا کر دیا ہے۔ اب تو نگرانی اور کنٹرول برقرار رکھنے کے لیے کوئی ادارہ نہیں بچا ہے، سوائے ایک کمزور اور کھوکھلا کر دیے گئے سپریم کورٹ کے۔

میں اس انتہائی باوقار ایوارڈ کے لیے، اور میری تحریر کو اس طرح سے شرف قبولیت بخشنے کے لیے پھر سے آپ کا شکریہ ادا کرتی ہوں، لیکن میں یہ ضرور کہوں گی کہ ایک لائف ٹائم اچیومنٹ ایوارڈ کسی شخص کو بوڑھا محسوس کراتا ہے۔ مجھے یہ دکھانا بند کرنا ہوگا کہ میں بوڑھی نہیں ہوں۔ یہ بہت بڑی ستم ظریفی ہے کہ میں یہ ایوارڈ پچیس سالوں کی ایسی تحریروں کے لیے حاصل کر رہی ہوں، جن میں کہی گئی باتوں کی صرف ان سنی کی جاتی رہی ہے۔ اس کے بجائے اکثر لبرل اور خود کو 'ترقی پسند' سمجھنے والے لوگوں نے بھی اس تحریر کو تمسخر اور تنقید کا نشانہ بنایا۔

یہ اس نوع کی تحریر ہے جس میں ہم کس سمت جارہے تھے، اس کے بارے میں تنبیہ کی گئی ہے۔ لیکن اب وارننگ کا وقت ختم ہو چکا ہے۔ اب ہم تاریخ کے ایک دوسرے دور میں ہیں۔ ایک قلمکار کے طور پر میں صرف یہی امید کرسکتی ہوں کہ میری تحریریں اس انتہائی خوفناک اور تاریک دور کی گواہی دیں گی جو آج میرے ملک پر حاوی ہے اور مجھے امید ہے کہ میرے جیسے دوسرے لوگوں کا کام جاری رہے گا، تاکہ آنے والی نسلوں کو پتہ چل سکے کہ جو کچھ بھی ہو رہا تھا، اس سے سارے لوگ متفق نہیں تھے۔

ایک کالم نگار کے طور پر میری زندگی کسی منصوبے کا حصہ نہیں تھی۔ یہ بس شروع ہوگئی۔

میری پہلی کتاب 'دی گاڈ آف اسمال تھنگ' (ناول) تھی جو 1997 میں شائع ہوئی۔ اتفاق سے، اسی سال برطانوی استعمار سے ہندوستان کی آزادی کی پچاسویں سالگرہ بھی تھی۔ سرد جنگ کو ختم ہوئے آٹھ سال ہو چکے

تھے۔ یہ امریکہ کے زیر تسلط یک قطبی دنیا کی شروعات تھی، جس میں سرمایہ داری کے سامنے اس کی کوئی مخالف قوت نہیں بچی تھی۔ ہندوستان نے رخ بدلا اور امریکہ کے کیمپ میں شامل ہو گیا، اس نے کارپوریٹ سرمائے کے لیے اپنا بازار کھول دیا۔

نجکاری اور اسٹرکچرل ایڈجسٹمنٹ فری مارکیٹ کے نعرے تھے۔ ہندوستان کی واہ واہی ہو رہی تھی۔ لیکن پھر 1998 میں بی جے پی کی قیادت میں ہندو قوم پرست حکومت برسر اقتدار آئی۔ اس نے سب سے پہلا کام جو کیا وہ تھا؛ سلسلے وار جوہری تجربات۔ زیادہ تر لوگوں نے زہریلی اور اندھی عقیدت سے لبریز قوم پرست زبان میں اس کا خیر مقدم کیا، اس میں مصنف، فنکار اور صحافی سب شامل تھے۔ یہ بات اچانک ہی بدل گئی کہ آپ عوامی طور پر کس طرح کی باتیں کر سکتے ہیں۔

تب مجھے اپنے ناول کے لیے ابھی ابھی بکر پرائز ملا تھا، اور مجھے خواہی نخواہی اس نئے ہندوستان کا ثقافتی سفیر بنا دیا گیا۔ میں بڑے میگزین کے کور پر چھپ رہی تھی۔ میں جانتی تھی کہ اگر میں نے کچھ نہیں کہا، تو یہ مان لیا جائے گا کہ ان سب سے میرا اتفاق ہے۔ تب میری سمجھ میں آیا کہ خاموش رہنا اتنا ہی سیاسی ہے جتنا بولنا۔ میں سمجھتی تھی کہ بولنا ادبی دنیا کی شہزادی کے طور پر میرے کیریئر کا خاتمہ کر دے گا۔ اس سے بھی زیادہ میں سمجھتی تھی کہ میں جن باتوں میں یقین رکھتی تھی، ان کو اگر میں نے نتائج کی پرواہ کیے بغیر قلمبند نہیں کیا تو میں خود اپنی سب سے بڑی دشمن بن جاؤں گی، اور شاید میں دوبارہ کبھی نہیں لکھ پاؤں گی۔

اس طرح میں نے لکھا، اپنے قلمکار کو بچانے کے لیے۔ میرا پہلا مضمون 'دی اینڈ آف امیجینیشن' (تخیل کا خاتمہ) دو اہم اور مؤقر رسالوں 'آؤٹ لک' اور 'فرنٹ لائن' میں شائع ہوا۔ یکبارگی ہی مجھے غدار اور ملک دشمن قرار دیا گیا۔ میں نے ان توہین آمیز کلمات کو تعریف و تحسین کی طرح قبول کر لیا، وہ بکر پرائز سے کم باوقار نہیں تھے۔

اس نے میرے لیے ایک لمبے سفر کی شروعات کی، یہ سفر باندھوں، دریاؤں، نقل مکانی، ذات پات، کانکنی اور خانہ جنگی کے بارے میں تھا۔ یہ ایسا سفر تھا جس نے میری سمجھ کو گہرا کیا، اور میری افسانہ نگاری اور مضمون نگاری کو آپس میں اس طرح ہم آہنگ کر دیا کہ اب انھیں الگ نہیں کیا جا سکتا ہے۔

میں اپنی کتاب سے آزادی کے ایک مضمون کا مختصر اقتباس پڑھوں گی، جو اس بارے میں ہے کہ یہ مضمون کس طرح اس دنیا میں زندہ ہے۔ یہ اقتباس 'ادب کی زبان' سے ماخوذ ہے۔

جب یہ مضامین پہلی بار شائع ہوئے تھے (پہلے مؤقر جریدوں میں، پھر انٹرنیٹ پر اور پھر کتابی شکل میں)، تو ان کو خدشات کے ساتھ شک کی نگاہ سے دیکھا گیا۔ کم از کم کچھ حلقوں میں تو ایسا ہی ہوا، اور ایسا اکثر ان لوگوں کی طرف سے ہوا جو ضروری نہیں کہ سیاسی طور پر اختلاف ہی رکھتے ہوں۔ روایتی طور پر جس کو ادب سمجھا جاتا ہے، یہ تحریر اس کے لیے ایک آزمائش تھی۔

جو لوگ خصوصی طور پر چیزوں کو الگ الگ ناموں میں بانٹ کر دیکھنے میں دلچسپی رکھتے ہیں، ان کا

خدشہ قابل فہم تھا کیونکہ وہ یہ فیصلہ نہیں کر پارہے تھے کہ یہ کس نوع کی تحریر ہے: پرچہ یا بحث، اکیڈمک یا اخباری، سفرنامہ، یا پھر کوئی ادبی مہم جوئی؟

کچھ لوگوں کے لیے تو یہ تحریر ہی نہیں تھی: ''ارے آپ نے لکھنا کیوں چھوڑ دیا؟ ہم آپ کی اگلی کتاب کا انتظار کر رہے ہیں۔'' کچھ اور لوگوں کا خیال تھا کہ میں ایک کرایے کی قلمکار ہوں۔ ہر قسم کی پیش کش مجھے کی گئی: ''ڈارلنگ، باندھوں پر تم نے جو لکھا تھا وہ مجھے بہت پسند آیا، کیا تم میرے لیے بچوں کے ساتھ بدسلوکی (چائلڈ ابیوز) پر کوئی مضمون لکھ سکتی ہو؟'' (ایسا سچ مچ ہوا تھا۔) مجھے سخت نصیحتیں دی گئیں (زیادہ تر اشرافیہ مرد حضرات کی طرف سے) کہ کیسے لکھا جاتا ہے، مجھے کن موضوعات پر لکھنا چاہیے اور میرا لہجہ کیا ہونا چاہیے۔

لیکن ان کشادہ شاہراہوں سے دور، دوسری جگہوں پر ان مضامین کو تیزی سے دوسری ہندوستانی زبانوں میں منقلب کیا گیا، یہ پرچوں کی صورت میں چھپے، جنگلوں اور ندی وادیوں میں مفت تقسیم کیے گئے، ان دیہاتوں میں جہاں حملے ہو رہے تھے۔ یونیورسٹی کیمپس جہاں طلبا مسلسل جھوٹ سے عاجز آچکے تھے۔ کیونکہ مورچے پر موجود یہ قارئین پھیلتی ہوئی آگ سے جھلسنے لگے تھے اور اس پر ان کی رائے بالکل مختلف تھی کہ ادب کیا ہے یا اس کو کیسا ہونا چاہیے۔

میں اس کا تذکرہ اس لیے کر رہی ہوں کہ اس نے مجھے سکھایا کہ ادب کی جگہ کو ادیب اور قاری دونوں مل کر تخلیق کرتے ہیں۔ کئی معنوں میں یہ ایک نازک سی جگہ ہے، لیکن اسے مٹایا نہیں جا سکتا۔ اگر یہ زمین دوز کر دی جائے، تو ہم اسے دوبارہ تخلیق کر لیتے ہیں کیونکہ ہمیں ایک پناہ چاہیے۔ ادب کو ایک ضرورت کے طور پر دیکھنے والا نقطۂ نظر مجھے بہت پسند ہے۔ وہ ادب جو پناہ دے۔ ہر قسم کی پناہ۔

آج یہ سوچنا بھی محال ہے کہ ہندوستان میں مرکزی دھارے کا کوئی میڈیا ہاؤس اس طرح کے مضامین شائع کرے گا۔ وہ سب کارپوریٹ اشتہارات پر زندہ ہیں۔ گزشتہ بیس سالوں میں آزاد منڈیوں، فاشزم اور نام نہاد آزاد صحافت نے مل کر ہندوستان کو اس مقام پر پہنچا دیا ہے جہاں اسے کسی بھی لحاظ سے ایک جمہوریت نہیں گردانا جا سکتا ہے۔

اس جنوری میں دو ایسی چیزیں ہوئیں جو اس صورت حال کو اس خوبی سے بیان کرتی ہیں کہ کوئی اور چیز شاید ہی کر پائے۔ بی بی سی نے 'انڈیا: دی مودی کویسچن' نام سے دو حصوں میں ایک ڈاکیومنٹری دکھائی اور اس کے کچھ دنوں بعد ہنڈنبرگ ریسرچ نامی ایک چھوٹی امریکی کمپنی نے اپنی رپورٹ شائع کی جسے اب ہنڈنبرگ رپورٹ کے نام سے جانا جاتا ہے۔

ہنڈنبرگ ریسرچ اس میں مہارت رکھتی ہے جسے ایکٹیوسٹ شارٹ سیلنگ کہا جاتا ہے۔ انھوں نے ہندوستان کی سب سے بڑی کارپوریٹ کمپنی اڈانی گروپ کی حیرت انگیز دھاندلیوں کو تفصیل سے اجاگر کیا۔ بی بی سی اور ہنڈنبرگ معاملے کو ہندوستانی میڈیا نے اس طرح پیش کیا کہ یہ ہندوستان کے ٹوئن ٹاورز پر کسی حملے سے کم

نہیں تھا۔ یہ ٹاورز ہیں وزیراعظم نریندر مودی، اور ہندوستان کے سب سے بڑے صنعتکار گوتم اڈانی، جو ابھی حال تک دنیا کے تیسرے امیر ترین شخص تھے۔ ان دونوں کے خلاف لگائے گئے الزامات ہلکے نہیں ہیں۔

بی بی سی کی ڈاکیومنٹری اشارہ کرتی ہے کہ مودی نے قتل عام کے لیے اُکسایا۔ ہنڈنبرگ رپورٹ نے اڈانی پر 'کارپوریٹ کی تاریخ کا سب سے بڑا فراڈ' کرنے کا الزام لگایا ہے۔ 30 اگست کو، گارڈین اور فنانشل ٹائمز نے جرائم کے شواہد فراہم کرنے والے دستاویز پر مبنی مضامین شائع کیے، جنھیں آرگنائزڈ کرائم اینڈ کرپشن رپورٹنگ پروجیکٹ نے جمع کیا تھا۔ ان میں بھی ہنڈنبرگ رپورٹ کی مزید تصدیق کی گئی۔ ہندوستانی تحقیقاتی ایجنسیاں اور زیادہ تر ہندوستانی میڈیا اس پوزیشن میں نہیں ہیں کہ وہ ان کی چھان بین کر سکیں یا ان مضامین کو شائع کر سکیں۔ جب غیر ملکی میڈیا انھیں شائع کرتا ہے، تب یہ آسان ہو جاتا ہے کہ ایک کھوکھلی جارحانہ قوم پرستی کے موجودہ ماحول میں اسے ہندوستان کی خود مختاری پر حملہ قرار دیا جائے۔

بی بی سی کی فلم 'دی مودی کویسچن' کا پہلا حصہ 2002 میں ریاست گجرات میں مسلمانوں کے قتل عام کے بارے میں ہے۔ اس کا آغاز اس وقت ہوا جب مسلمانوں کو ایک ریلوے کوچ کو جلانے کا ذمہ دار ٹھہرایا گیا جس میں 59 ہندو تیرتھ یاتری زندہ جل گئے تھے۔ مودی اس قتل عام سے چند ماہ قبل ہی ریاست کے وزیر اعلیٰ نامزد کیے گئے تھے، اس وقت وہ الیکشن جیت کر وزیر اعلیٰ نہیں بنے تھے۔ فلم صرف ہلاکتوں کے بارے میں نہیں ہے، بلکہ کچھ متاثرین کے اس 20 سالہ طویل سفر کے بارے میں بھی ہے، جسے انھوں نے ہندوستان کے قانونی نظام کی بھول بھلیاں میں، اپنے یقین کو سینے سے لگائے، انصاف اور سیاسی احتساب کی امید میں طے کیا ہے۔

فلم میں عینی شاہدین کی شہادتیں شامل ہیں، جن میں سب سے زیادہ لرزہ خیز گواہی امتیاز پٹھان کی ہے، جنھوں نے 'گلبرگ سوسائٹی قتل عام' میں اپنے خاندان کے دس افراد کو کھو دیا تھا۔ اس قتل عام میں ایک ہجوم نے ساٹھ افراد کو ہلاک کر دیا تھا، جس میں ایک سابق ایم پی احسان جعفری بھی شامل تھے، جن کے جسم کے اعضا کاٹ کاٹ کر زندہ جلا دیے گئے۔ وہ مودی کے سیاسی حریف تھے اور انھوں نے ایک حالیہ انتخاب میں مودی کے خلاف مہم چلائی تھی۔ گلبرگ سوسائٹی میں ہونے والا قتل عام ان چند دنوں میں گجرات میں ہونے والے اسی طرح کے بہت سے خوفناک قتل عام میں سے ایک تھا۔

دوسرے قتل عام میں سے ایک میں، جس کا فلم میں ذکر نہیں کیا گیا، 19 سالہ بلقیس بانو کا گینگ ریپ اور ان کے خاندان کے 14 افراد کو قتل کر دیا گیا۔ اس میں ان کی 3 سالہ بیٹی بھی شامل ہے۔ گزشتہ اگست میں یوم آزادی کے موقع پر جب مودی خواتین کے حقوق پر قوم سے خطاب کر رہے تھے، ان کی حکومت نے ٹھیک اسی دن بلقیس اور ان کے خاندان والوں کے ان ریپسٹ اور قاتلوں کو معافی دے دی، جنھیں عمر قید کی سزا دی گئی تھی۔ ویسے بھی ان لوگوں نے قید کے اکثر ایام پیرول پر باہر گزارے تھے اور اب وہ آزاد لوگ تھے۔ جیل کے باہر ان کا استقبال پھولوں سے کیا گیا، اب وہ سماج کے معزز افراد ہیں اور بی جے پی کے سیاست دان عوامی پروگراموں میں

ان کے ساتھ اسٹیج پر آتے ہیں۔

بی بی سی کی فلم نے اپریل 2002 میں برطانوی دفتر خارجہ کی تیار کردہ ایک اندرونی رپورٹ کو اجاگر کیا، جس کے بارے میں عوام کو ابھی تک علم نہیں تھا۔ فیکٹ فائنڈنگ رپورٹ میں اندازہ لگایا گیا تھا کہ 'کم از کم 2000 افراد کو قتل کیا گیا تھا۔ اس رپورٹ میں کہا گیا کہ نسل کشی کی منصوبہ بندی پہلے سے کی گئی تھی اور اس میں 'نسلی تطہیر کی تمام اہم نشانیاں' نظر آتی ہیں۔ رپورٹ میں کہا گیا ہے کہ باوثوق ذرائع نے انھیں بتایا کہ پولیس کو خاموش رہنے کے حکم صادر کیے گئے تھے۔ رپورٹ بہت سیدھے سیدھے مودی کی طرف انگلی اٹھاتی ہے۔ گجرات کے قتل عام کے بعد امریکہ نے انھیں ویزا دینے سے منع کر دیا تھا۔ اس کے بعد مودی نے یکے بعد دیگرے تین انتخابات جیتے اور 2014 تک گجرات کے وزیر اعلیٰ بنے رہے۔ ان کے وزیر اعظم بننے کے بعد ان پر عائد پابندی ہٹا دی گئی۔

مودی سرکار نے فلم پر پابندی لگا دی ہے۔ ہر سوشل میڈیا پلیٹ فارم نے اس پابندی کی پیروی کی اور اس کے تمام لنکس اور حوالہ جات کو ہٹا دیا۔ فلم کی ریلیز کے چند ہفتوں کے اندر ہی بی بی سی کے دفاتر کو پولیس نے گھیر لیا اور ٹیکس حکام نے ان پر چھاپے مارے۔

ہنڈنبرگ کی رپورٹ میں الزام لگایا گیا ہے کہ اڈانی گروپ ' اسٹاک کی بھاری ہیرا پھیری اور اکاؤنٹنگ فراڈ کی اسکیم' میں ملوث رہا ہے، جس نے آف شور شیل کمپنیوں کا استعمال کرتے ہوئے، (شیئر بازار میں) لسٹڈ اپنی بڑی کمپنیوں کی قیمت کو فرضی طریقے سے بڑھا چڑھا کر دکھایا۔ اس کی وجہ سے اس کے صدر کی مجموعی دولت میں بے پناہ اضافہ ہوا۔

رپورٹ کے مطابق، اڈانی کی لسٹڈ کمپنیوں میں سے سات کو ان کی اصل قیمت سے 85 فیصد زیادہ قیمت پر دکھایا گیا ہے۔ مودی اور اڈانی کی شناسائی دہائیوں پرانی ہے۔ ان کی دوستی 2002 میں مسلمانوں کے قتل عام کے بعد مضبوط ہوئی۔ اس وقت زیادہ تر ہندوستان، جس میں کارپوریٹ انڈیا بھی شامل ہے، گجرات کے قصبوں اور دیہاتوں میں جارح ہندو ہجوم کے ہاتھوں 'بدلے' میں مسلمانوں کے کھلے عام قتل اور ریپ کے خوف سے سہم گیا تھا۔ گوتم اڈانی مودی کے ساتھ کھڑے رہے۔ گجراتی صنعتکاروں کے ایک چھوٹے سے گروپ کے ساتھ انھوں نے تاجروں کا ایک نیا پلیٹ فارم بنایا۔ انھوں نے اپنے ناقدین کو مسترد کرتے ہوئے مودی کی حمایت کی، جنھوں نے 'ہندو ہردیہ سمراٹ' کے طور پر اپنے نئے سیاسی کیریئر کا آغاز کیا تھا۔ اس طرح اس چیز کا جنم ہوا جسے 'وکاس' کے گجرات ماڈل کے نام سے جانا جاتا ہے؛ کارپوریٹ دنیا کی بے پناہ دولت کے زور پر مضبوط ہوتی پرتشدد ہندو قوم پرستی۔

گجرات کے وزیر اعلی کے طور پر تین میعاد کے بعد مودی 2014 میں ہندوستان کے وزیر اعظم منتخب ہوئے۔ دہلی میں حلف برداری کی تقریب کے لیے وہ ایک پرائیویٹ جیٹ میں آئے، جس پر اڈانی کا نام بڑے حروف میں جگمگا رہا تھا۔ مودی کے نو سالہ دور میں اڈانی دنیا کے امیر ترین آدمی بن گئے۔ ان کی دولت 8 ارب

ڈالر سے بڑھ کر 137 ارب ڈالر ہوگئی۔ صرف 2022 میں انھوں نے 72 ارب ڈالر بنائے، جو دنیا میں ان کے ٹھیک نیچے کے نو ارب پتیوں کی مشترکہ دولت سے بھی زیادہ ہے۔

اب اڈانی گروپ ایک درجن تجارتی بندرگاہوں کو کنٹرول کرتا ہے، جس کے ذریعے ہندوستان میں مال کی مجموعی نقل وحرکت کا 30 فیصد کام کرتا ہے۔ ان کے ہاتھ میں سات ہوائی اڈے ہیں، جہاں سے ہندوستان کے 23 فیصد ہوائی مسافر آتے جاتے ہیں۔ ہندوستان کے کل اناج کا 30 فیصد اڈانی کے زیر کنٹرول گوداموں میں جمع ہے۔ وہ ہندوستان میں سب سے بڑے پرائیویٹ سیکٹر کے پاور پلانٹس کے مالک ہیں یا انھیں چلاتے ہیں۔

جی ہاں، گوتم اڈانی دنیا کے امیر ترین آدمیوں میں سے ایک ہیں، لیکن اگر آپ انتخابات کے دوران بی جے پی کی چمک دمک کو دیکھیں تو وہ نہ صرف ہندوستان بلکہ شاید دنیا کی سب سے امیر ترین سیاسی جماعت نکلے گی۔ بی جے پی نے 2016 میں الیکٹورل بانڈ اسکیم کو لاگو کیا، جس میں کارپوریٹ کمپنیوں کو اپنی پہچان عام کیے بغیر سیاسی جماعتوں کو فنڈ فراہم کرنے کی اجازت دے دی گئی تھی۔ بی جے پی اب تک سب سے زیادہ کارپوریٹ فنڈنگ حاصل کرنے والی پارٹی بن گئی ہے۔ ایسا لگتا ہے جیسے ٹوئن ٹاورز کا تہہ خانہ ایک ہی ہے۔

جس طرح مودی کی ضرورت کے وقت اڈانی ان کے ساتھ کھڑے رہے، مودی حکومت بھی اڈانی کے ساتھ کھڑی ہے اور اس نے پارلیامنٹ میں اپوزیشن ممبران پارلیامنٹ کی طرف سے پوچھے گئے ایک سوال کا بھی جواب دینے سے انکار کر دیا ہے۔ وہ اس حد تک چلی گئی کہ پارلیامنٹ کے ریکارڈ سے ان کی تقاریر بھی نکال دی ہیں۔

جہاں بی جے پی اور اڈانی نے اپنی اپنی دولت بٹوری ہے، آکسفیم نے ایک تنقیدی رپورٹ میں بتایا ہے کہ ہندوستانی آبادی کے سب سے اوپر کے 10 فیصد لوگوں کے پاس ملک کی کل دولت کا 77 فیصد ہے۔ 2017 میں پیدا ہونے والی دولت کا 73 فیصد حصہ امیر ترین 1 فیصد لوگوں کے پاس چلا گیا، جبکہ 67 کروڑ ہندوستانیوں نے، جو ملک کے غریب ترین نصف ہیں، پایا کہ ان کی دولت میں صرف 1 فیصد کا اضافہ ہوا ہے۔

جہاں ہندوستان کو ایک عظیم الشان مارکیٹ کے ساتھ ایک اقتصادی طاقت کے طور پر پہچانا جاتا ہے، اس کی زیادہ تر آبادی تباہ کن غربت میں زندگی گزار رہی ہے۔ لاکھوں لوگ گزارے کے لیے ملی راشن کی تھیلیوں پر جیتے ہیں، جو مودی کے چھپے ہوئے چہرے ساتھ تقسیم کی جاتی ہے۔ ہندوستان انتہائی غریب عوام کا بہت امیر ملک ہے۔ دنیا کے سب سے زیادہ غیر مساوی معاشروں میں سے ایک۔ آکسفیم انڈیا کو اپنی محنت کا ثمرہ بھی ملا، اس کے دفاتر پر بھی چھاپے مارے گئے اور مسائل پیدا کرنے والے ایمنسٹی انٹرنیشنل اور کچھ دوسرے این جی اوز کو اتنا ہراساں کیا گیا کہ انھوں نے کام کرنا بند کر دیا۔

ان میں سے کسی بھی بات کا مغربی جمہوریتوں کے لیڈروں پر کوئی اثر نہیں پڑا ہے۔ ہنڈنبرگ۔ بی بی سی کے معاملات کے کچھ ہی دنوں کے اندر، 'گرمجوشی سے بھری اور نتیجہ خیز' ملاقاتوں کے بعد، وزیر اعظم مودی، صدر جو بائیڈن اور صدر ایمانوئل میکرون نے اعلان کیا کہ ہندوستان 470 بوئنگ اور ایئر بس طیارے خریدے گا۔ بائیڈن

نے کہا کہ اس معاہدے سے 10 لاکھ سے زائد امریکی نوکریاں پیدا ہوں گی۔ ایئر بس کا انجن رولز رائس کا ہوگا۔ وزیر اعظم رشی سنک نے کہا،''برطانیہ کے ابھرتے ہوئے ایئر کرافٹ مینوفیکچرنگ سیکٹر کے لیے آسمان ہی حد ہے۔''

جولائی میں مودی نے امریکہ کا سرکاری دورہ کیا اور باستیل ڈے پر مہمان خصوصی کے طور پر فرانس گئے۔ کیا آپ اس بات پر یقین کریں گے؟ میکرون اور بائیڈن انتہائی شرمناک طریقوں سے ان کی خوشامد کرتے رہے، یہ جانتے ہوئے کہ وہ 2024 کی انتخابی مہم میں منھ مانگی مراد کا کام کرے گا، جب وہ ایک تیسری مدت کے لیے میدان میں اتر رہے ہیں۔ جس آدمی کو وہ گلے لگا رہے ہیں، اس کے بارے میں ایسا کچھ بھی نہیں ہے جسے وہ جانتے نہ ہوں گے۔

وہ گجرات کے قتل عام میں مودی کے رول کے بارے میں جانتے ہوں گے۔ جس گھناؤنے طریقے اور باقاعدگی کے ساتھ مسلمانوں کو سرعام پیٹا جا رہا ہے، جس طرح مودی کی کابینہ کے ایک رکن پھولوں کا ہار لے کر مسلمانوں کے قاتلوں سے ملے، جس طرح مسلمانوں کو ہر ممکن طریقے سے الگ تھلگ اور اکیلا کر دینے کا تیز گام عمل جاری ہے، انھیں ان سب کی جانکاری رہی ہوگی۔ انھیں پر تشدد ہندو گروہوں کے ذریعے سینکڑوں چرچ کو جلا دیے جانے کی بھی جانکاری ہوگی۔

انھیں اپوزیشن رہنماؤں، طلبا، انسانی حقوق کے کارکنوں، وکلا اور صحافیوں کو ہراساں کرنے کے بارے میں بھی خبر رہی ہوگی، جن میں سے کچھ کو طویل قید کی سزائیں تک مل چکی ہیں؛ پولیس اور ہندو قوم پرست ہونے کے اندیشے والے لوگوں کے ذریعے یونیورسٹیوں پر حملوں کی؛ تاریخ کی کتابوں کو دوبارہ لکھے جانے کی؛ فلموں پر پابندیاں لگائے جانے کی؛ ایمنسٹی انٹرنیشنل انڈیا کے بند ہونے کی؛ بی بی سی کے ہندوستانی دفاتر پر چھاپوں کی؛ کارکنوں، صحافیوں اور سرکار کے ناقدین کو پراسرار نو فلائی لسٹوں میں ڈالنے کی؛ اور ہندوستانی اور غیر ملکی مصنفین اور مفکرین پر دباؤ کی جانکاری بھی رہی ہوگی۔

انھیں معلوم ہوگا کہ ہندوستان اب ورلڈ پریس فریڈم انڈیکس میں 180 ممالک میں 161 ویں نمبر پر ہے، کہ ہندوستان کے بہت سے بہترین صحافیوں کو مین اسٹریم میڈیا سے باہر کر دیا گیا ہے، اور یہ کہ صحافیوں کو جلد ہی سنسر کے ایسے نظام کا سامنا کرنا پڑے گا، جس میں حکومت کی طرف سے قائم کردہ تنظیم کو یہ فیصلہ کرنے کا اختیار حاصل ہوگا کہ آیا حکومت کے بارے میں میڈیا کی خبریں اور تبصرے جعلی اور گمراہ کن ہیں یا نہیں۔ اور وہ نئے آئی ٹی قانون سے بھی آگاہ ہوں گے، جسے سوشل میڈیا پر اختلاف رائے کو دبانے کے لیے ڈیزائن کیا گیا ہے۔

انھیں تلواریں لہرانے والی پر تشدد بھیڑ کے بارے میں بھی پتہ ہوگا، جو مسلمانوں کے خاتمے اور مسلم خواتین کے ریپ کی مسلسل اور کھلم کھلا اپیل کرتے ہیں۔

وہ کشمیر کی صورت حال سے واقف رہے ہوں گے، 2019 میں جس کا رابطہ مہینوں تک دنیا سے منقطع کر دیا گیا، ایک جمہوریت میں انٹرنیٹ کو بند کرنے کا یہ سب سے بڑا واقعہ تھا۔ اس کشمیر کے صحافیوں کو ہراساں کیا

صحافتی مزاحمت

جاتا ہے، گرفتار کیا جاتا ہے اور پوچھ گچھ کی جاتی ہے۔ 21ویں صدی میں کسی کی بھی زندگی ویسی نہیں ہونی چاہیے، جیسی ان کی ہے؛ اپنی گردن پر بوٹوں کے سایے میں۔

وہ 2019 میں پاس کیے گئے شہریت ترمیمی ایکٹ سے واقف ہوں گے، جو مسلمانوں کے خلاف واضح طور پر امتیازی سلوک کرتا ہے۔ وہ ان بڑی تحریکوں سے بھی واقف ہوں گے جو اس کے نتیجے میں پیدا ہوئیں۔ اور یہ بھی کہ وہ تحریکیں اسی وقت ختم ہوئیں جب اس کے اگلے سال دہلی میں ہندو ہجوم کے ہاتھوں درجنوں مسلمانوں کو ہلاک کر دیا گیا (جو اتفاق سے اس وقت ہوا جب امریکی صدر ڈونالڈ ٹرمپ سرکاری دورے پر شہر میں تھے اور جس کے بارے میں انھوں نے ایک لفظ بھی نہیں کہا)۔

انھیں اس بات کی بھی جانکاری رہی ہوگی کہ کس طرح دہلی پولیس نے سڑک پر پڑے شدید طور پر زخمی نوجوان مسلمانوں کو ہندوستانی قومی ترانہ گانے پر مجبور کیا، اور اس دوران انھیں زدوکوب کرتے رہے۔ اس کے بعد ان میں سے ایک نوجوان کی موت ہوگئی۔

ممکن ہے کہ انھیں اس بات کی جانکاری بھی ہو کہ جس وقت وہ مودی کو گلے لگا رہے تھے، اسی وقت شمالی ہندوستان کے ایک چھوٹے سے قصبے سے مسلمان اپنے گھر بار چھوڑ کر بھاگ رہے تھے، جب خبروں کے مطابق، حکمران جماعت سے وابستہ ہندو انتہا پسندوں نے مسلمانوں کے دروازے پر کر اس کے نشان لگائے ور انھیں چلے جانے کو کہا تھا۔ 'مسلم فری اتراکھنڈ' کی کھلے عام باتیں ہو رہی ہیں۔

انھیں معلوم ہوگا کہ مودی کی حکمرانی میں ہندوستان کی شمال مشرقی ریاست منی پور وحشیانہ خانہ جنگی کی آگ میں جل رہی ہے۔ ایک طرح کی نسلی تطہیر کا کام انجام دیا جا چکا ہے۔ اس میں مرکزی حکومت کی ملی بھگت ہے، ریاستی حکومت اس کی شراکت دار ہے، سیکورٹی فورسز دو حصوں میں بٹی ہوئی ہیں، جن میں ایک طرف پولیس ہے اور دوسری طرف کوئی سسٹم نہیں ہے۔ انٹرنیٹ بند ہے۔ خبروں کو منظر عام پر آنے میں ہفتے لگ جاتے ہیں۔

اس کے باوجود عالمی طاقتیں مودی کو وہ سب کچھ فراہم کر رہی ہیں جو انھیں ہندوستان کے سماجی تانے بانے کو تباہ کرنے اور جلانے کے لیے درکار ہے۔ اگر آپ مجھ سے پوچھیں تو یہ ایک قسم کی نسل پرستی ہے۔ یہ قوتیں جمہوری ہونے کا دعویٰ کرتی ہیں، لیکن وہ نسل پرست ہیں۔ وہ اس بات پر یقین نہیں رکھتے جن 'اقداروں' پر عمل کرنے کا وہ دعویٰ کرتے ہیں، ان کا اطلاق سیاہ فام ممالک پر ہونا چاہیے۔ یقیناً یہ ایک پرانی کہانی ہے۔

اس سے کوئی فرق نہیں پڑتا۔ ہم اپنی جنگ لڑیں گے اور بالآخر اپنے ملک کو واپس حاصل بھی کریں گے۔ لیکن اگر وہ یہ سمجھتے ہیں کہ ہندوستان میں جمہوریت کو پرزے پرزے کرنے کا کوئی اثر پوری دنیا پر نہیں پڑنے والا ہے، تو یقیناً وہ خام خیالی میں جی رہے ہیں۔

جو لوگ یہ مانتے ہیں کہ ہندوستان اب بھی ایک جمہوریت ہے، ان کے لیے یہ کچھ ایسے واقعات ہیں جو صرف پچھلے چند مہینوں میں رونما ہوئے ہیں۔ جب میں نے کہا کہ ہم ایک الگ ہی دور میں داخل ہو چکے ہیں تو

میں اسی کی بات کر رہی تھی۔ وارننگ کا وقت ختم ہو چکا ہے اور ہم اپنے لوگوں کے ایک حصے سے اتنے ہی خوفزدہ ہیں جتنے اپنے لیڈروں سے۔

منی پور میں، جہاں خانہ جنگی جاری ہے، اس میں ایک فریق بن چکی پولیس نے دو خواتین کو ایک ہجوم کے حوالے کر دیا جس نے انھیں برہنہ کر کے گاؤں میں گھمایا اور پھر ان کے ساتھ گینگ ریپ کیا۔ ان میں سے ایک خاتون نے اپنی آنکھوں کے سامنے اپنے چھوٹے بھائی کو قتل ہوتے دیکھا۔ ریپسٹ جس کمیونٹی سے تعلق رکھتے تھے، اس کمیونٹی کی خواتین ریپ کرنے والوں کے ساتھ کھڑی رہیں اور اپنے مردوں کو ریپ کرنے کے لیے اُکسایا بھی۔

مہاراشٹر میں آرمڈ ریلوے پروٹیکشن فورس کے ایک اہلکار نے ٹرین کے ایک ڈبے میں مسلمان مسافروں پر کھلے عام فائرنگ کی، اور لوگوں سے مودی کو ووٹ دینے کی اپیل کی۔

ایک انتہائی مقبول اور جارح ہندو شخص، جو اعلیٰ سیاست دانوں اور پولیس اہلکاروں کے ساتھ تصویر کھنچواتا رہا ہے، ہندوؤں سے ایک گنجان آبادی والی مسلم بستی سے ہو کر مذہبی جلوس نکالنے کی اپیل کرتا ہے۔ یہ شخص فروری میں دو مسلم نوجوانوں کو ایک گاڑی سے باندھ کر زندہ جلانے کے معاملے کا کلیدی ملزم ہے۔ لیکن وہ اب بھی آزاد ہے۔

نوح قصبہ گڑگاؤں سے متصل ہے، جہاں بڑی بین الاقوامی کارپوریٹ کمپنیوں کے دفاتر واقع ہیں۔ جلوس میں شریک ہندوؤں نے مشین گن اور تلواریں لے رکھی تھیں۔ مسلمانوں نے اپنا دفاع کیا۔ جیسا کہ توقع کی جاسکتی ہے، جلوس کا اختتام تشدد پر ہوا۔ چھ افراد مارے گئے۔ ایک 19 سالہ امام کو ان کے بستر پر بے دردی سے قتل کیا گیا، ان کی مسجد کو تہس نہس کر کے جلا دیا گیا۔ اس پر ریاست کا ردعمل یہ تھا کہ مسلمانوں کی تمام غریب بستیوں کو بلڈوزر سے مسمار کر دیا گیا اور سینکڑوں مسلم خاندانوں کو اپنی جان بچا کر بھاگنا پڑا۔

وزیر اعظم کے پاس ان سب پر کہنے کو کچھ نہیں ہے۔ یہ الیکشن کا موسم ہے۔ آئندہ مئی تک عام انتخابات ہونے ہیں۔ یہ سب انتخابی مہم کا حصہ ہے۔ ہم مزید خونریزی، بڑے پیمانے پر قتل وغارت، منصوبہ بند جھوٹے حملے، نقلی جنگیں اور ایسی کسی بھی چیز کی توقع کرنے کے لیے تیار ہیں جو پہلے سے ہی منقسم آبادی کو مزید تقسیم کر دیں گی۔

حال ہی میں، میں نے ایک خوفناک ویڈیو دیکھا جو ایک چھوٹے سے اسکول کے کلاس روم میں بنائی گئی تھی۔ ٹیچر نے ایک مسلمان بچے کو اپنی میز کے قریب کھڑا کیا اور باقی ہندو لڑکوں کو ایک ایک کر کے آنے اور اسے پیٹنے کو کہا۔ جو طالب علم زور سے نہیں مارتے تھے وہ انھیں ڈانٹتی ہیں۔ اس پر جو کارروائی کی گئی ہے وہ یہ ہے کہ گاؤں کے ہندوؤں اور پولیس نے مسلم خاندان پر دباؤ ڈالا کہ کوئی الزام عائد نہ کیا جائے۔ مسلم بچے کی اسکول کی فیس واپس کر دی گئی ہے اور اسے اسکول سے نکال لیا گیا ہے۔

ہندوستان میں جو کچھ ہو رہا ہے وہ کوئی ہلکے پھلکے انداز کا انٹرنیٹ فاشزم نہیں ہے۔ یہ ایک حقیقی چیز ہے۔ ہم نازی بن چکے ہیں۔ صرف ہمارے رہنما ہی نہیں، صرف ہمارے ٹی وی چینل اور اخبارات ہی نہیں، بلکہ ہماری آبادی کا ایک بڑا حصہ بھی۔ امریکہ، یورپ اور جنوبی افریقہ میں مقیم ہندوستانی ہندو آبادی کی ایک بڑی تعداد سیاسی اور مادی طور پر فسطائیوں کی مدد کرتی ہے۔ اپنے ضمیر، اور اپنے بچوں کے ضمیر، اور اپنے بچوں کے بچوں کے ضمیر کے لیے، ہمیں اٹھ کھڑا ہونا ہوگا۔

اس سے کوئی فرق نہیں پڑتا کہ ہم ناکام ہوتے ہیں یا کامیاب۔ یہ ذمہ داری صرف ہم ہندوستانی لوگوں کی نہیں ہے۔ جلد ہی، اگر مودی 2024 میں جیت جاتے ہیں، تو اختلاف کے تمام راستے مسدود کر دیے جائیں گے۔ اس ہال میں آپ میں سے کسی کو بھی یہ دکھاوا نہیں کرنا چاہیے کہ جو کچھ بھی ہو رہا تھا، آپ اس کے بارے میں نہیں جانتے تھے۔

اگر آپ اجازت دیں تو میں اپنی تقریر کا اختتام اپنے پہلے مضمون 'دی اینڈ آف امیجنیشن' کا ایک اقتباس پڑھ کر کرنا چاہوں گی۔ یہ ایک دوست کے ساتھ ناکامی کے بارے میں ہونے والی بات چیت ہے اور بطور مصنف میرا ذاتی منشور:

''میں نے کہا کہ جو بھی ہو، چیزوں کے بارے میں اس کا نظریہ باہری تھا، یہ اندازہ لگانا کہ انسان کی خوشی، یا کہیے کہ اطمینان کا سفر اپنے عروج پر پہنچ چکا ہے (اور اب اسے نیچے ہی جانا ہوگا) کیونکہ کسی اتفاق سے اسے 'کامیابی' مل گئی ہے۔ یہ اس دھندلے عقیدے پر مبنی تھا کہ دولت اور شہرت ہر آدمی کے خواب کی سب سے ضروری چیزیں ہیں۔

''تم نے نیویارک میں بہت زیادہ رہ لیا ہے، میں نے اسے کہا۔ اور بھی دنیا ہیں۔ دوسری طرح کے خواب ہیں۔ ایسے خواب جن میں ناکامی ممکن ہے اور عزت کے قابل بھی۔ کبھی کبھی اس کے لیے کوشش کرنا بھی اہم ہے۔ ایسی دنیا ہیں جن میں شہرت ہی قابلیت اور انسانی قدر کا واحد پیمانہ نہیں ہے۔

''میں ایسے بہت سے جنگجوؤں کو جانتی ہوں اور ان سے پیار کرتی ہوں جو مجھ سے کہیں زیادہ بیش قیمتی ہیں، جو ہر دن لڑائی جاری رکھتے ہیں، یہ جانتے ہوئے بھی کہ وہ ناکام ہو جائیں گے۔ یہ سچ ہے کہ ایسے لوگ اس لفظ کے مقبول معنوں میں کم 'کامیاب' ہیں، لیکن اس کا یہ مطلب نہیں کہ وہ کم مطمئن ہیں۔

''میں نے اس سے کہا، تمنا کرنے کے قابل صرف ایک ہی خواب ہے، وہ خواب کہ جب تک تم زندہ ہو تب تک جیو، اور مرو تبھی جب موت آجائے۔ (مستقبل کا اندیشہ؟ شاید۔)

''مطلب کیا ہے اس کا؟' (تنی ہوئی بھنویں، ہلکی سی خفگی)۔

''میں نے سمجھانے کی کوشش کی، لیکن اچھی طرح سے کہہ نہیں پائی۔ کبھی کبھی سوچنے کے لیے مجھے لکھنے کی ضرورت پڑتی ہے۔ اس لیے اس کو میں نے اپنی بات کاغذ کے ایک نیپکن پر لکھ دی۔ یہ لکھا تھا میں نے، پیار

کرنا۔ پیار پانا، اپنی بے قدری کو کبھی نہ بھولنا۔ اپنے اردگرد کی زندگی کے ناقابل بیان تشدد اور وسیع پیمانے غیر برابری کا کبھی بھی عادی نہ ہو جانا۔ سب سے اداس جگہوں میں بھی خوشی تلاش کرنا۔ خوبصورتی کو اس کی پوشیدہ جگہوں پر بھی دریافت کرنا۔ جو بات پیچیدہ ہے، اس کو کبھی بھی آسان نہیں بنانا اور جو بات بہت سادہ اور آسان ہے اس کو کبھی بھی پیچیدہ نہ بنانا۔ مضبوطی کا احترام کرنا، اقتدار کا کبھی نہیں۔ اور سب سے زیادہ، دیکھنا، سمجھنے کی کوشش کرتے رہنا۔ کبھی بھی نظریں نہ پھیرنا۔ اور بھولنا کبھی نہیں، کبھی بھی نہیں۔''

مجھے یہ ایوارڈ دے کر عزت بخشنے کے لیے ایک بار پھر آپ کا شکریہ۔ ایوارڈ دیتے ہوئے میرے بارے میں جو کچھ کہا گیا، اس کا وہ حصہ مجھے بہت پیارا لگا، جس میں کہا گیا ہے،''ارون دھتی رائے مضمون کا استعمال لڑائی کی طرح کرتی ہیں۔''

ایک ادیب کے لیے اس بات پر یقین رکھنا ایک گستاخی اور حتیٰ کہ تھوڑی سی بیوقوفی بھی ہوگی کہ وہ اپنی تحریر سے دنیا کو بدل سکتی ہے۔ لیکن اگر اس نے اس کی کوشش تک نہ کی تو یہ واقعی افسوس کی بات ہوگی۔

جانے سے پہلے۔۔۔ میں بس یہ کہنا چاہتی ہوں؛ بہت سارے پیسے اس انعام کا حصہ ہیں۔ یہ پیسے میرے پاس نہیں رہیں گے۔ اسے ان بہت سے کارکنوں، صحافیوں، وکلا، فلمسازوں کے ساتھ شیئر کیا جائے گا جو بغیر کسی وسائل کے ایک ناممکن ہمت کے ساتھ اس حکومت کے خلاف ابھی کھڑے ہیں۔ حالات کتنے ہی سنگین کیوں نہ ہوں، آپ جان لیں کہ ان کے خلاف سخت لڑائی جاری ہے۔

آپ سب کا شکریہ۔

[بشکریہ دی وائر، 18 ستمبر، 2023]

فرقہ واریت اور صحافت

روش کمار

کیا فرقہ واریت کی مخالفت کرنا صحافت کی مخالفت کرنا ہے؟ جب فرقہ واریت اور صحافت کے درمیان فرق مٹ جائے تو پھر اس کی مخالفت کیسے کی جانی چاہیے؟ کیا فرقہ وارانہ صحافت کو صحافت کے نظریاتی اور عملی اصولوں کے تحت تحفظ حاصل ہونا چاہیے؟ اگر کوئی قاتل اینکر بن جائے یا اینکر بن کر قتل کے لیے اُکسانے لگے تو کیا صحافت کے تحریری اور غیر تحریری اصولوں کے تحت اس کا دفاع کیا جا سکتا ہے؟

ان سوالوں کو چھوڑ کر 'انڈیا' اتحاد کے 14 اینکرز کی فہرست کو اور دیگر سوالوں کے ساتھ منسلک کرنا صحافت کے نام پر فرقہ پرستی کو بچانے کے سوا کچھ بھی نہیں ہے۔

جن چینلوں کے اینکرز کا بائیکاٹ کیا گیا ہے، کیا انھوں نے اپنے بیان میں کہا ہے کہ 'انڈیا' اتحاد کا الزام غلط ہے؟ ان کا اینکر فرقہ واریت کا زہر یا اس کا نیا نام 'ہیٹ اسپیچ' نہیں پھیلاتا ہے؟ آخر چینلوں نے ہی اپنے اینکرز اور ان کے پروگراموں کا اس بنیاد پر دفاع کیوں نہیں کیا؟ ان چینلوں سے زیادہ بی جے پی ان کا دفاع کر رہی ہے۔

یہاں ہر کوئی جانتا ہے کہ بی جے پی صحافت کا نہیں اس ہیٹ اسپیچ کا دفاع کر رہی ہے جو ان کی سیاست کو سہارا دیتی ہے۔ مودی حکومت کے وزرا اس بحث میں صحافت کے لیے نہیں کودے ہیں، اس معاملے میں ان کا ریکارڈ بہت خراب ہے۔ کہیں بی جے پی کی تشویش کچھ اور تو نہیں ہے کہ 'انڈیا' اتحاد کے اس قدم سے فرقہ وارانہ سیاست کا سب سے بڑا فرنٹ عوام کے درمیان سیاسی ایشو بن جائے گا؟

نیوز چینلوں کی ایک تنظیم نیوز براڈ کاسٹرز اینڈ ڈیجیٹل ایسوسی ایشن (این بی ڈی اے) نے اپنے بیان میں ایمرجنسی کا ذکر تو کیا ہے لیکن اس بارے میں ایک سطر بھی نہیں لکھا ہے کہ جن چینلوں کے اینکرز کا بائیکاٹ کیا گیا

ہے وہ ہیٹ اسپیچ نہیں پھیلاتے ہیں۔ یا یہ کہ اپوزیشن کا الزام غلط ہے۔ ٹیلی ویژن چینلوں کے سیلف ریگولیٹری یونٹ نیوز براڈکاسٹنگ اینڈ ڈیجیٹل اسٹینڈرڈز اتھارٹی (این بی ڈی ایس اے) نے نیٹ ورک 18 کے اینکر امن چوپڑا پر دو پروگراموں کے لیے جرمانہ لگایا تھا، اس لیے تنظیم کی پریس ریلیز میں ایک لفظ بھی ہیٹ اسپیچ کے بارے میں نہیں ہے۔ جبکہ ساری بحث اسی سوال سے شروع ہوتی ہے کہ چینلوں کے اینکر اپنے پروگراموں میں نفرت پھیلاتے ہیں۔

این بی ڈی اے نے اس اہم سوال پر خاموشی کیوں اختیار کی؟ کیا یہ صحافت کے نام پر فرقہ واریت کا دفاع نہیں ہے؟ چینلوں اور این بی ڈی اے نے کیوں نہیں کہا کہ وہ ہیٹ اسپیچ کو روکیں گے؟

جب صحافت فرقہ واریت کی علمبردار بن جائے تو کیا اس کی مخالفت سیاست کے سوا اور کچھ ہو سکتی ہے؟ اور عوام کے درمیان لائے بغیر اس احتجاج کا کوئی مطلب رہ جاتا ہے؟ اس سوال کا جواب دیے بغیر کیا یہ وقت ضائع کرنا نہیں ہے کہ 'انڈیا' اتحاد کا طریقہ ٹھیک ہے یا نہیں۔

اس بارے میں کانگریس کے ترجمان پون کھیڑا اور عام آدمی پارٹی کے ایم پی راگھو چڈھا کا بیان سن رہا تھا۔ وہ اپنے بیان میں کہیں سے جارح نہیں تھے اور نہ ہی اپنے کارکنوں کو اکسا رہے تھے۔ پون کھیڑا نے کہا کہ ہم ان اینکرز سے نفرت نہیں کرتے ہیں۔ ان میں بہتری آئی تو ہم واپس ان کے پروگراموں میں جائیں گے۔

یقینی طور پر 'انڈیا' اتحاد کو یہ یقین دہانی کرانی چاہیے اور اپنے کارکنوں اور حامیوں سے اپیل کرنی چاہیے کہ وہ ان صحافیوں کو ٹرول نہ کریں۔ جیل کی دھمکیاں نہ دیں۔ یہ ایک سیاسی لڑائی ہے اور اس کا طریقہ جمہوری ہونا چاہیے نہ کہ جیسا بی جے پی کرتی ہے۔ اپوزیشن کی یہ بھی ذمہ داری ہے کہ وہ الگ سیاسی معاشرہ کی تعمیر کرے۔

'انڈیا' اتحاد کے اس فیصلے کو لے کر دو طرح کی تنقیدیں سامنے آئی ہیں۔ پہلی تنقید ان اینکروں، چینلوں اور بی جے پی کی ہے، جنھوں نے اسے جمہوریت پر حملہ قرار دیا ہے۔ ان تینوں میں مماثلت بلا وجہ نہیں ہے۔

دوسری تنقید ان لوگوں کی طرف سے ہے جو اس قدم کو درست سمجھتے ہیں، اپوزیشن کا حق مانتے ہیں لیکن یہ بھی کہتے ہیں کہ اتحاد کو اینکرز کے نام شائع نہیں کرنے چاہیے تھے۔ یہ لوگ اس قدم کو صحافت کے لیے خطرناک سمجھتے ہیں جو اب ان چینلوں میں ہوتی نہیں ہے۔

ساگریکا گھوش، ویر سنگھوی، راجدیپ سردیسائی نے اس کی تنقید کی ہے کہ اپوزیشن کو نام شائع نہیں کرنا چاہیے تھا، یہ خطرناک ہے۔ شیکھر گپتا نے انھی خطوط پر تفصیل سے لکھا ہے کہ بی جے پی بھی بائیکاٹ کرتی رہی ہے مگر 'سوفسٹیکیٹڈ' طریقے سے۔ کیا واقعی شیکھر کو لگتا ہے کہ 2014 کے بعد مودی راج کے دوران ضلع سے لے کر دہلی تک جس طرح صحافت کو کچلا گیا وہ ایک 'سوفسٹیکیٹڈ' طریقہ تھا؟

شیکھر کہتے ہیں کہ ایک استثنا کے ساتھ پارٹی نے کبھی رسمی طور پر کوئی اعلان نہیں کیا۔ لیکن کیا وہ استثنا تھا؟ کیا یہ بائیکاٹ ماقبل اڈانی این ڈی ٹی وی کے سابق پروگراموں میں ترجمان نہیں بھیجنے تک محدود تھا؟ کیا وہ

بھول گئے کہ کس طرح سے تمام صحافیوں کی نشاندہی کی گئی تھی، ان میں خواتین صحافیوں کے نام بھی شامل ہیں، انھیں نوکری سے نکلوایا گیا، کئی ریاستوں میں ایف آئی آر ہوئی، آئی ٹی سیل کے ذریعے ٹرول کیا گیا، کیا یہ سب ایک 'سوفسٹیکیٹڈ' طریقہ تھا؟

کیا شیکھر کو نظر ہی نہیں آیا کہ صحافیوں کے بائیکاٹ کا خطرناک کھیل کئی سطحوں پر کھیلا گیا ہے اور وہ اپوزیشن کی تنقید کرنے کے لیے پریس ریلیز لے کر بیٹھ گئے ہیں۔ کیا اب بی جے پی اور مودی حکومت کے دور میں یہ سب بند ہو گیا ہے؟

حال ہی میں بی جے پی ایم پی نشی کانت دوبے نے لوک سبھا میں صحافی ابھیسار شرما اور روہنی سنگھ کا نام لیا تھا۔ کیا یہ بھی کوئی 'سوفسٹیکیٹڈ' طریقہ تھا؟ کیا اسے لوک سبھا کی کارروائی سے نکالا بھی گیا تھا؟ شیکھر گپتا کو کم از کم یہ تو لکھنا چاہیے تھا کہ صحافی صدیق کپن کو گرفتار کرنا اور انھیں مہینوں تک جیل میں رکھنا 'سوفسٹیکیٹڈ' نہیں تھا۔

اڈانی گروپ پر اربوں روپے کی منی لانڈرنگ کے الزام لگے ہیں، بی جے پی حکومت نے بہت 'سوفسٹیکیٹڈ' طریقے سے اسے ہضم کر لیا لیکن صدیق کپن پر پانچ ہزار روپے کی منی لانڈرنگ کا الزام لگا دیا گیا۔ ان کی اس دلیل سے ایک مطلب یہ بھی نکالا جا سکتا ہے کہ اگر اقتدار کے دباؤ میں کسی اینکر کو نوکری سے نکال دیا جائے، اس کی اشاعت پر ہر طرف سے پابندی لگا دی جائے، تاکہ اس کی کمائی بند ہو جائے اور وہ بھوکا مر جائے، تب بھی خاموش رہنا چاہیے۔ کیونکہ یہ سب 'ہوتا رہتا ہے'۔ کیونکہ یہی بیسٹ 'سوفسٹیکیٹڈ' طریقہ ہے؟

شیکھر گپتا کا پورا مضمون اسی بنیاد پر کھڑا ہے کہ 'ہوتا رہتا ہے'۔ کیا شیکھر کو بائیکاٹ کے اسی ایک طریقہ سے دقت ہے اور باقی سب 'ہوتا رہتا ہے؟'

شیکھر گپتا اپنے مضمون میں 'ہوتا رہتا ہے' کے نام پر ان خطروں کو سطحی بناتے ہیں اور اسے نارملائز بھی کرتے ہیں۔ مجھے اعتراض اس نارملائزیشن پر ہے کہ صحافت میں یہ 'ہوتا رہا ہے' اور پوری دنیا میں ہو رہا ہے۔ جبکہ کوئی بھی دیکھ سکتا ہے کہ ہندوستانی میڈیا صحافت کے عام بحران سے نہیں گزر رہا۔ شیکھر نے بڑی چالاکی سے اسے صحافت کا سوال بنا کر فرقہ پرستی کو پردے کے پیچھے کھڑا کر دیا ہے۔ اسے بچا لیا ہے۔ ان کا پورا مضمون خطرناک طور پر جبر کے تمام حربے کو نارملائز بناتا ہے اور اسے صحافتی پیشے کے روٹین کا حصہ بناتا ہے۔

سال 2016 میں جب راجستھان میں وسندھرا راجے کی حکومت نے راجستھان پتریکا اخبار کا اشتہار روک دیا تو اس کے مالک اور ایڈیٹر گلاب کوٹھاری نے اداریہ لکھا کہ یہ آمریت ہے اور اسے صفحہ اول پر شائع کیا۔ شیکھر کے مطابق گلاب کوٹھاری کو اداریہ نہیں لکھنا چاہیے تھا، یہ تو صحافت میں 'ہوتا رہتا ہے'۔

اشتہار کا ذکر کرتے ہوئے شیکھر گپتا اپنا صفحہ بھر رہے تھے کہ حکومتیں اشتہارات روکتی رہتی ہیں اور ہم جانتے ہیں۔ ہم جانتے ہیں؟ کس لیے جانتے ہیں؟ جاننے کے بعد کیا کرتے ہیں؟ کیا یہ بھی کوئی 'سوفسٹیکیٹڈ' طریقہ ہے جس کو سفید پوشوں کے دربار میں نہیں چھیڑا جانا چاہیے، خواہ اشتہارات نہ ملنے کی وجہ سے

اخبارات اور چینل کو بند ہو جائے۔

شیکھر گپتا اپنے مضمون کے آخر میں ہیٹ (نفرت) کے بارے میں لکھتے ہیں اور بہت ہلکے انداز میں بتاتے ہیں کہ نفرت بکتی ہے، نفرت کو ٹی آر پی ملتی ہے۔مکیش امبانی کو کیا آج 10-20 کروڑ روپے کے ریونیو کی اتنی ضرورت پڑ گئی ہے کہ ان کے چینل کا ایک اینکر مذہب کے نام پر نفرتی ڈیبیٹ شو کرتا ہے؟ کیا اس شو کو بند کر دینے سے مکیش امبانی کا بنگلہ نیلام ہو جائے گا؟

شیکھر کو سوال کرنا چاہیے تھا کہ کیا آج کی تاریخ میں مکیش امبانی اس پروگرام کو بند کر سکتے ہیں؟ اس کا جواب مکیش امبانی کے پاس نہیں ہے، وزیر اعظم مودی کے پاس ملے گا۔کس کو سمجھ نہیں آتا ہے کہ یہ ڈیبیٹ شو صحافت کے تحت کیے جانے والے پروگرام نہیں ہیں، بلکہ بی جے پی کی سیاست کو پھیلانے کے پلیٹ فارم ہیں۔ شیکھر کے مضمون میں یہ دونوں فیکٹر ندارد ہیں۔

شیکھر نے اپنی انگریزی سے فرقہ واریت کو کتنا خوبصورت اور قابل قبول بنا دیا ہے۔گویا یہ آج کی صحافت کا کوئی 'اور بحران' ہے۔ شیکھر گپتا کا یہ مضمون باریک انگریزی کے ورق میں لپیٹ کر فرقہ پرستی کو گلاب جامن کی طرح پیش کرتا ہے کہ بس کچھ مت بولو، دیکھو بھی مت، چپ چاپ نگل جاؤ۔میرے حساب سے ان کا یہ مضمون صحافت کے نام پر فرقہ واریت کا کلاسیکی دفاع ہے جسے کلاس روم میں پڑھایا جانا چاہیے۔

اجیت انجم نے لکھا ہے کہ 'اے بی پی' چینل کے اینکر سندیپ چودھری کے پروگرام میں بی جے پی نے اپنے ترجمان کو بھیجنا بند کر دیا ہے۔سندیپ چودھری کے معاملے کو آپ ان 14 اینکرز کے بائیکاٹ کے ساتھ نہیں ملا سکتے ہیں۔سندیپ چودھری فرقہ وارانہ پروگرام نہیں کرتے ہیں، ان کے سوال وہی ہوتے ہیں جو ایک صحافی کے ہونے چاہئیں، پھر بی جے پی نے ان کا بائیکاٹ کیوں کیا؟

کیا اپوزیشن کے بائیکاٹ کی مخالفت کرنے والے چینل یا این بی ڈی اے کی طرف سے کوئی پریس ریلیز آئی ہے کہ سندیپ چودھری کے پروگرام کا بائیکاٹ ہندوستان کو ایمرجنسی کی طرف لے جا رہا ہے؟

اپوزیشن کی فہرست میں آنے والے کئی اینکرز نے شور مچانا شروع کر دیا کہ ہم سوال تو پوچھتے رہیں گے، لیکن احتجاج سوال پوچھنے کے حوالے سے نہیں تھا، ہیٹ اسپیچ کے حوالے سے تھا، ان کے پروگراموں کی فرقہ وارانہ زبان اور تیور کے حوالے سے تھا۔ان میں سے کسی کو تو اپنے کسی پروگرام کا ویڈیو ٹوئٹ کرنا چاہیے تھا کہ وہ وزیر اعظم مودی اور امت شاہ کے سامنے کس طرح سے سوال پوچھتے ہیں۔

کیا ہم نہیں جانتے کہ 2014 کے بعد سے ان کے سوالوں کی کیا حالت ہو گئی ہے؟ کیا عوام کو نہیں معلوم کہ وہ وزیروں سے کس طرح سے سوال کرتے ہیں؟ جب ایک وزیر نے اینکر کو جیل کی یاد دلائی تو کیا یہ جمہوریت پر حملہ نہیں تھا، وزیر کا چپ کرانا نہیں تھا؟

بنیادی سوال ہے کہ کیا کسی سیاسی جماعت کو ایسے پروگراموں میں جانا چاہیے جو فرقہ واریت کا زہر

پھیلاتے ہوں؟ اگر نہیں تو کیا سیاسی جماعت کو یہ فیصلہ غیر اعلانیہ انداز میں لینا چاہیے؟ اس کی مخالفت کا عدم تعاون یا بائیکاٹ سے بہتر جمہوری طریقہ کیا ہو سکتا ہے۔ وہ طریقہ کیوں نہیں عوامی اور شفاف ہونا چاہیے؟

کیا اسے پبلک کر کے اپوزیشن نے یہ واضح نہیں کر دیا کہ اگر فرقہ پرستی سے لڑنا ہے تو فرقہ واریت کی شکار ہو چکی صحافت سے بھی لڑنا ہو گا۔ یہاں یہ واضح رہے کہ 'انڈیا' اتحاد نے ان اینکرز کے مشکل سوالوں سے تنگ آ کر بائیکاٹ نہیں کیا ہے، جس طرح وزیر اعظم نریندر مودی کرن تھاپر کے سوال سے تنگ آ کر مائیک اتار کر چلے گئے تھے۔ اپوزیشن جماعتوں نے کئی بار خاموشی سے ایسے پروگراموں کا بائیکاٹ کیا اور شیکھر کے بتائے ہوئے نسخے کے مطابق کیا، لیکن کیا اس سے کوئی بہتری آئی؟

اپوزیشن نے راتوں رات فیصلہ نہیں کیا۔ دس سال سے یہ تماشا دیکھنے کے بعد یہ فیصلہ لیا ہے۔ عدالت نے کئی بار کہا کہ کیا کبھی کسی اینکر کو آف ایئر کیا گیا؟ ہیٹ اسپیچ کے خلاف سپریم کورٹ کے کتنے ہی تبصرے ہیں، لیکن کیا عدالت کے حکم کے مطابق بھی ان چینلوں کے خلاف کوئی کارروائی ہوئی ہے؟ بہت سی تنقیدیں ہو چکی ہیں، ان نفرت انگیز پروگراموں کے منفی اثرات کا پورے ملک نے مشاہدہ کیا ہے، کیا چینلوں نے خود سے ان پر روک لگانے کی کوشش کی ہے؟

جہاں بھی فرقہ وارانہ تشدد ہوتا ہے، وہاں انٹرنیٹ بند کر دیا جاتا ہے لیکن فرقہ واریت کا زہر پھیلانے والے چینلوں کو بند نہیں کیا جاتا ہے۔ کیا اسی سے ایک بات واضح نہیں ہوتی کہ صحافت کے اس فرقہ وارانہ پروجیکٹ کو کس کی حمایت حاصل ہے؟

فرقہ واریت کے خلاف کوئی بھی لڑائی خفیہ طور پر ہو سکتی۔ اگر فرقہ پرستی کی مخالفت کرنی ہے تو مختلف بنیادوں اور پلیٹ فارم پر اس کی مخالفت کے اصول مختلف نہیں ہو سکتے۔ اگر خاموش رہ کر، اس سے ہاتھ ملا کر لڑائی لڑی گئی تو وہ فرقہ پرستی کے خلاف لڑائی نہیں ہوگی۔ سب کو ایک سوال کا جواب دینا چاہیے کہ گودی میڈیا فرقہ پرستی کا سب سے بڑا فرنٹ (محاذ) ہے، کیا فرقہ پرستی کی مخالفت صحافت کی مخالفت ہے؟ میں نے اسی سوال سے اپنا مضمون شروع کیا تھا، اسی پر ختم کرتا ہوں۔

[بشکریہ 'دی وائر'، 18 ستمبر 2023]

کیوں صفر ہوگئی مسلمانوں کی سیاسی حیثیت؟

محمد حنیف خان

جمہوریت ایک ایسا طرز حکمرانی ہے جس میں ہر سر کو ہر جگہ یکساں حقوق حاصل ہوتے ہیں، عدم مساوات کا سایہ بھی قریب نہیں پھٹکنے پاتا لیکن حصول حکمرانی کا میدان اتنا وسیع ہے کہ لاکھوں اور کروڑوں افراد کا وجود چشم زدن میں صفر ہو جاتا ہے۔ دراصل بادشاہی یا پھر آمریت میں سیاسی کھیل کھیلنے کے مواقع بہت کم ہوتے ہیں جبکہ جمہوریت میں یہی اس کی بساط ہوتی ہے۔ اسی سے کسی فرد/کمیونٹی کی سیاسی وسماجی حیثیت کا تعین ہوتا ہے۔ جو کمیونٹی سیاسی بساط پر گوٹیاں بچھانے میں ماہر ہوگی، ہر جگہ نہ صرف اس کی سنی جائے گی بلکہ وہ خود دوسروں کے وجود کا ضامن بن جائے گی لیکن سوئے اتفاق اگر ایسا نہیں ہوا تو کثرت تعداد کے باوجود اس کا وجود ایک ایسے صفر میں بدل جائے گا جو ہندسے کے غلط سائڈ پر لگ گیا ہو۔

ہندوستان میں آج کسی بھی شعبے میں دیکھ لیجیے مسلمانوں کا وجود ہندسے میں غلط سائڈ میں لگے صفر کی حیثیت اختیار کر گیا ہے۔ سیاسی، سماجی اور معاشی ہر سطح پر ناکارگی مقدر بن چکی ہے۔ یہ نہ تو چشم زدن میں ہوا ہے اور نہ ہی اس کے لیے کوئی ایک فرد ذمہ دار ہے بلکہ اس کے لیے دوطرفہ افراد ذمہ دار ہیں۔ اول وہ افراد جنھوں نے اپنے وجود کو صفر ہونے سے بچانے کے لیے کوئی تگ و دو نہیں کی۔ دوم وہ افراد جنھوں نے حصول اقتدار کے لیے سماج اور ملک کے ایک بڑے طبقے کے وجود پر اپنی سیاسی چالبازیوں سے خط تنسیخ پھیرنے کا کام کیا ہے، جس کی وجہ سے ان کا وجود ہر شعبے میں صفر کی طرف گامزن ہو گیا۔ اس کے لیے ثانی الذکر سے زیادہ اول الذکر گنہگار اور ذمہ دار ہیں مگر کوئی نہ تو اس کی ذمہ داری لینے کو تیار ہے اور نہ ہی اس کی تلافی کے لیے کوئی آگے قدم بڑھانے کے لیے آمادہ ہے، بس سب کے سب ڈوبتی ہوئی کشتی کو دیکھ رہے ہیں اور شور مچا رہے ہیں۔ حالانکہ سب کو یہ بھی پتہ ہے کہ صرف شور مچانے سے ڈوبتی ہوئی کشتیاں نہیں بچ جاتی ہیں بلکہ اس کے لیے عملی اقدام کرنا ہوتا ہے اور بحر ناپیدا کنار میں اترنا پڑتا ہے۔ مگر مچھ کا کیا ہے اس کو تو خوراک چاہیے، شناور تو وہ ہے جو خود کو اس مگر مچھ سے بچا کر کشتی کو

کنارے لگادے مگر ابھی تک ایسا کوئی شناور نظر نہیں آیا ہے۔ جس نے بھی آگے بڑھنے کی کوشش کی اس کو اپنوں نے ہی دریا میں اترنے سے قبل دھکا دے دیا اور وہ اس مگر مچھ کا شکار بن گیا جو شکار کی تاک میں پہلے سے ہی منھ کھولے انتظار کر رہا تھا۔

جمہوریت میں ہر شعبے میں طاقت اسی کے پاس ہوتی ہے جس کی سیاسی حیثیت مضبوط ہو اور سیاسی حیثیت صرف حق رائے دہی کے استعمال سے نہیں بن جاتی ہے بلکہ اس کے لیے بیدار ذہن اور شعور کی ضرورت ہوتی ہے۔ اس کے بغیر کوئی بھی بڑی جمعیت کسی بھیڑ بکری کے ریوڑ سے زیادہ حیثیت نہیں رکھتی ہے۔ مسلمان اپنے حق رائے دہی کا استعمال ضرور کرتا ہے مگر بغیر کسی اسٹرٹیجی اور منصوبہ بندی کے کرتا ہے جس کی وجہ سے اس کے ووٹوں کی حیثیت پہلے ہی ختم ہو جاتی ہے کیونکہ سامنے والے کی اسٹرٹیجی پہلے تیار ہوتی ہے جس کے جال میں یہ بآسانی آ جاتا ہے۔ اس طرح پہلے اس کی سیاسی حیثیت ختم ہوتی ہے اور اس کے بعد سماجی اور معاشی حیثیت خود بخود ختم ہو جاتی ہے، جس سے معلوم ہوتا ہے کہ سیاسی طاقت کے بغیر جمہوریت میں کسی کی کوئی حیثیت نہیں ہوتی ہے۔ خواہ آئین کتنا بھی لچیلا ہو، مقننہ جمہوریت میں سیاست سے ملی طاقت سے اس میں اتنے سوراخ کر دے گی جنھیں بند کرنے کے لیے جس سیاسی طاقت کی ضرورت ہوتی ہے، اس کے حصول میں ہی صدیاں گزر جائیں گی، جس کے نمونے گزشتہ چند برسوں میں ہماری ان کھلی آنکھوں نے دیکھے ہیں۔ جب کشمیر سے لے کر آسام تک بہن بیٹیاں سڑکوں پر بیٹھی تھیں مگر ان کا کوئی پرسان حال نہیں تھا اور آج کسان اپنے حقوق کے لیے لڑ رہے ہیں مگر کوئی ان کی سُدھ لینے والا نہیں ہے۔ اگر سب کو یکساں حقوق ہی حاصل ہوتے تو کسی کو اس طرح گھر بار چھوڑ کر ریاست سے ٹکرانے کی ضرورت نہیں پڑتی مگر چونکہ سیاست سے ملی طاقت کچھ لوگوں کو طاقت ور بنا دیتی ہے اور ان کو اضافی حقوق دے دیتی ہے جو مقننہ کی حیثیت اختیار کر جاتے ہیں اور پھر سیاہ و سپید کے مالک بن جاتے ہیں۔ اس کو اگر روکنا ہے تو اس کے لیے ضروری ہے کہ پہلے سیاسی طاقت حاصل کی جائے جس کے لیے منصوبہ بندی اور ایک ایسے پلیٹ فارم کی ضرورت ہے جس میں شکوک وشبہات کے لیے کوئی جگہ نہ ہو۔

یہ عجیب طرفہ تماشہ ہے کہ جو غائب ہوتا ہے، اصلاً وہی حاضر ہوتا ہے اور جو حاضر ہوتا ہے عملاً وہی غائب ہوتا ہے۔ اس وقت سیاسی منظر نامے کا یہی عالم ہے، سیاست کے کینوس پر عملی سطح پر کہیں مسلمان موجود نہیں ہے لیکن ہر طرف اسی کے رنگ بکھرے دکھائی دیتے ہیں۔ غالباً مارچ 2022 میں اتر پردیش میں اسمبلی انتخابات ہونے والے ہیں جس کی گہما گہمی شروع ہو چکی ہے۔ یہ کوئی نئی بات نہیں ہے، نئی بات تو یہ ہے کہ وہ مسلمان جو عملی سطح پر اس الیکشن میں کہیں نظر نہیں آ رہا ہے اور نہ ہی کوئی سیاسی پارٹی ان کو لانا چاہتی ہے، وہی سیاست دانوں کے لیے 'ہاٹ کیک' بنا ہوا ہے۔ اسٹیج سے لے کر ٹی وی ڈیبیٹ تک بس مسلمان ہی مسلمان نظر آتا ہے۔ ابا جان بھی وہی ہے اور چچا جان بھی وہی ہے، بس چٹخارے دوسرے لے رہے ہیں۔

یہ اب بتانے کی ضرورت نہیں رہی کہ ہندوستان کی تقریباً 20 فیصد آبادی کی سیاسی حیثیت صفر ہو چکی

ہے، خواہ میونسپل کارپوریشن کا الیکشن ہو یا پھر پارلیمانی و اسمبلی انتخابات ہوں، اب کہیں بھی اور کسی کو بھی ان کے ووٹوں کی ضرورت نہیں ہے۔ وہ جمہوری دستور کے تحت ووٹ تو ضرور ڈالتے ہیں مگر ان کے ووٹوں کی اب کوئی حیثیت نہیں رہ گئی ہے، نہ ان کے ووٹ کسی کو کامیابی سے ہمکنار کر سکتے ہیں اور نہ ان کے ووٹوں سے کسی کو شکست ہو سکتی ہے۔ اس کا نظارہ گزشتہ دو پارلیمانی الیکشن اور ایک اتر پردیش کے الیکشن میں کیا جا چکا ہے۔ یہی حال دوسری سبھی ریاستوں کے اسمبلی الیکشن میں دیکھنے کو ملا ہے۔ اس کے باوجود مسلمان ہی مقتدرہ پارٹی کے سیاسی مرکز میں رہتا ہے اور وہی اس کی اسکیموں سے باہر بھی ہے جس کی دو سب سے بڑی وجوہات ہیں۔ اول سیاسی حربوں کا استعمال کرتے ہوئے مسلمانوں کو سیاسی کینوس پر اس طرح پینٹ کیا جاتا ہے جس سے پولرائزیشن کی صورت بن جاتی ہے۔ دوم خود مسلمانوں کا ووٹ بکھر جاتا ہے جس سے اس کا وجود عدم میں بدل جاتا ہے۔

اتر پردیش میں انتخابات ہیں، اس کے باوجود کوئی بھی پارٹی مسلمانوں کی طرف ہاتھ بڑھاتی نہیں دکھائی دے رہی ہے۔ وہ پارٹیاں جو سیکولرزم کا ڈھنڈورا پیٹ رہی تھیں اور آج بھی اس کی علمبردار ہیں، وہ بھی مسلمانوں کا نام لینے سے کترا رہی ہیں۔ اتر پردیش کی وہ پارٹی جس نے مسلمانوں کی مدد سے سب سے پہلے اکثریت کی حکومت بنائی، آج وہ سماج کے ایک چھوٹے سے طبقے سے متعلق یہ کہنے میں کوئی مضائقہ نہیں سمجھتی کہ اگر وہ نہیں بہکا تو آئندہ اتر پردیش میں اس کی حکومت ہوگی مگر وہی مسلمانوں کا نام تک نہیں لیتی، اسی طرح وہ پارٹی جس کی سیاست کا مرکز ہی مسلمان تھے وہ بھی اب خود کو جمہوری اقدار سے الگ کر کے خالص مذہبی دکھانے پر مصر ہے۔ گزشتہ چند برسوں میں مسلمانوں پر سیاسی سطح پر بڑی بڑی افتاد آئیں، خواہ وہ تین طلاق کا مسئلہ ہو یا پھر بابری مسجد کی جگہ رام مندر کی تعمیر، 370 ہو یا پھر گیان واپی مسجد اور متھرا کی عیدگاہ پر دعویٰ، کبھی وہ مسلمانوں کے حق میں سامنے نہیں آئی۔ سبھی پارٹیاں بس اتنا کہتی ہیں کہ مقتدرہ پارٹی نے ترقیاتی کام نہیں کیے ہیں، اس لیے وہ مذہب اور پولرائزیشن کا سہارا لے رہی ہے مگر اس کے سیاسی فیصلوں پر کسی بھی سیاسی پارٹی میں انگلی اٹھانے اور مسلمانوں کے حق میں بولنے کی جرأت نہیں ہے۔ اس لیے ضرورت اس بات کی ہے کہ اتر پردیش میں انتخابات سے قبل مسلمان ایسی منصوبہ بندی کریں جس سے ان کے ووٹ بکھراؤ اور صفر ہونے سے بچ جائیں۔ تقریباً 20 فیصد ہونے کے باوجود اگر ان کا وجود صفر ہے تو واقعی ان کو انسان کی حیثیت سے جینے کا کوئی حق نہیں ہے کیونکہ انسان میں تو شعور اور نفع و نقصان میں شناخت کا مادہ ہوتا ہے۔ اب وقت آ گیا ہے کہ سیاسی شعور و آگہی کا ثبوت دیا جائے جس کے لیے ایسی سیاسی قیادت کی ضرورت ہے جو مذہب کے بجائے انسانیت اور جمہوریت میں یقین رکھتی ہو، خواہ اس کا تعلق کسی بھی مذہب سے ہو۔

[بشکریہ روزنامہ 'راشٹریہ سہارا'، 18 ستمبر 2021]

بلڈوزر پر سوار ہندوفسطائیت

اروندھتی رائے

گزشتہ چند ماہ کے دوران وزیر اعظم نریندر مودی کی بھارتیہ جنتا پارٹی کی حکمرانی والی ریاستوں کی سرکاری ایجنسیوں اور عملے نے مسلمانوں کے گھروں، دکانوں اوران کے کاروبار کی جگہوں پر بلڈوزر چلا کر انھیں گرانے کی شروعات کی ہے۔ یہ صرف مسلمانوں کے حکومت مخالف مظاہروں میں شریک ہونے کے شبہ پر کیا جا رہا ہے۔ان ریاستوں کے وزرائے اعلیٰ نے اس پالیسی کو اپنی انتخابی مہم میں فخریہ مشتہر کیا ہے۔

میرے ذہن میں یہ ایک ایسے لمحے کی نشاندہی ہے جب ایک انتہائی ناقص، کمزور جمہوریت زبردست عوامی حمایت کے ساتھ کھلے عام اور ڈھٹائی سے ایک مجرمانہ ہندوفسطائی ادارے میں تبدیل ہو چکی ہے۔اب ایسا لگتا ہے کہ ہم ہندوسنتوں کا چوغہ پہنے غنڈوں کے راج میں جی رہے ہیں۔ان کے لیے مسلمان اب دشمن نمبر ایک ہیں۔

ماضی میں جب مسلمانوں کو سزائیں دی جاتی تھیں تو ان کا قتل عام کیا جاتا تھا، بھیڑ ان کو پیٹ پیٹ کر مار ڈالتی تھی، انھیں نشانہ بنا کر قتل کیا جاتا تھا، وہ حراستوں اور فرضی انکاؤنٹر میں مارے جاتے تھے، جھوٹے الزامات میں قید کیے جاتے تھے۔ان کے گھروں اور کاروبار پر بلڈوزر چلا کر گرانا اس فہرست میں شامل ایک نیا اور انتہائی مؤثر ہتھیار ہے۔

جس طرح سے اس کی خبریں سنائی جا رہی ہیں اوران کے بارے میں لکھا جا رہا ہے، اس میں بلڈوزر کو ایک قسم کی غیبی طاقت دے دی گئی ہے، جو بدلہ لینے کے لیے آئی ہے۔ 'دشمن کو کچلنے' کے لیے استعمال ہو رہی لوہے کے بڑے پنجوں والی یہ خوفناک مشین، شیطانوں کا قتل عام کرنے والے اساطیری دیوتا کا ایک مشینی ورژن بنا دی گئی ہے۔ یہ ایک نئے، بدلہ لینے کو بے چین ہندو راشٹر کا آلہ بن چکی ہے۔

برطانوی وزیر اعظم بورس جانسن نے اپنے حالیہ ہندوستانی دورے میں بلڈوزر کے ساتھ تصویر کھنچوائی۔ یہ یقین کرنا مشکل ہے کہ وہ نہیں جانتے تھے کہ وہ اصل میں کیا کر رہے ہیں اور وہ کس کی حمایت میں

کھڑے ہو رہے تھے۔ ورنہ آخر کیوں کسی ایک ملک کا سربراہ ایک سرکاری دورے پر ایک بلڈوزر کے ساتھ تصویر کھنچوانے جیسی بیہودہ حرکت کرے گا؟

اپنے دفاع میں سرکاری عملہ زور دیتا ہے کہ وہ مسلمانوں کو نشانہ نہیں بنا رہا ہے، بلکہ وہ بس غیر قانونی طور پر تعمیر شدہ عمارتوں کو گرا رہا ہے۔ یہ صرف ایک قسم کی میونسپل صفائی مہم ہے۔ وہ وجہ آپ کو یقین دلانے کے لیے ہے بھی نہیں۔ یہ تو مذاق اڑانے اور لوگوں میں خوف پیدا کرنے کے لیے کہا جا رہا ہے ورنہ حکومتیں اور زیادہ تر ہندوستانی یہ بھی جانتے ہیں کہ ہندوستان کے ہر ایک قصبے اور شہر میں زیادہ تر تعمیرات یا تو غیر قانونی ہیں یا جزوی طور پر ہی قانونی ہیں۔

مسلمانوں کے گھروں اور کاروباری اداروں کو بغیر کسی نوٹس، بنا کسی اپیل یا سماعت کا موقع دیے صرف انھیں سزا دینے کے لیے مسمار کرنے سے ایک ساتھ کئی مقاصد کی تکمیل ہوتی ہے۔

بلڈوزر کے دور سے پہلے مسلمانوں کو سزا دینے کا کام قاتل ہجوم اور پولیس کیا کرتی تھی جو یا تو براہ راست خود ہی انھیں سزا دیا کرتی تھی یا جرم کو نظر انداز کر دیتی تھی۔ لیکن جائیدادوں کو مسمار کرنے میں نہ صرف پولیس کا عمل دخل ہوتا ہے بلکہ اس میں میونسپل حکام، میڈیا اور عدالتوں کا بھی عمل دخل ہوتا ہے۔

میڈیا کا وہاں ہونا ضروری ہوتا ہے تا کہ وہ ایسے واقعات کو شیطانوں کی تباہی کے جشن کے طور پر مشتہر کرے۔ اور عدالتوں کے لیے ضروری ہوتا ہے کہ وہ آنکھیں بند کر لیں اور کوئی مداخلت نہ کریں۔

اس کا مطلب مسلمانوں کو یہ بتانا ہوتا ہے کہ اب تم بے سہارا ہو۔ کوئی بھی تمھاری مدد کے لیے نہیں آئے گا۔ تم اپنی فریاد لے کر کہیں نہیں جا سکتے۔ اس پرانی جمہوریت کو صحیح راستے پر رکھنے کے لیے بنایا گیا ہر قانون اور ہر ادارہ اب ایک ہتھیار ہے جسے تمھارے خلاف استعمال کیا جا سکتا ہے۔

دوسری کمیونٹی کے حکومت مخالف مظاہرین کی املاک کو شاذ و نادر ہی اس انداز میں نشانہ بنایا جاتا ہے۔ مثال کے طور پر 16 جون 2022 کو بی جے پی حکومت کی فوج میں بھرتی کی نئی پالیسی سے ناراض دسیوں ہزار نوجوانوں نے پورے شمالی ہندوستان میں پر تشدد احتجاج کیا۔ انھوں نے ٹرینوں اور گاڑیوں کو جلا دیا، سڑکیں بلاک کر دیں اور یہاں تک کہ ایک قصبے میں تو انھوں نے بی جے پی کا دفتر تک جلا دیا۔ لیکن ان میں سے زیادہ تر مسلمان نہیں ہیں۔ اس لیے ان کے گھر اور خاندان محفوظ رہیں گے۔

سال 2014 اور 2019 کے عام انتخابات میں بی جے پی نے یہ ثابت کیا ہے کہ اسے عام انتخابات میں پارلیامنٹ میں اکثریت کے لیے ہندوستان کی 20 کروڑ مسلم آبادی کے ووٹوں کی ضرورت نہیں ہے۔ تو اصل میں ہم جو دیکھ رہے ہیں وہ یہ ہے کہ ایک طرح سے اس آبادی کو ہر طرح کے حق اور خصوصی طور پر ووٹ کے حق سے محروم کر دیا جاتا ہے تب آپ کا کوئی وجود نہیں رہ جاتا۔ آپ بے معنی ہو جاتے ہیں۔ آپ کا استعمال ہو سکتا ہے، آپ کے ساتھ بدتمیزی ہو سکتی ہے۔ آج ہم جو دیکھ رہے ہیں، وہ یہی ہے۔

جب بی جے پی کے اعلیٰ عہدیداروں نے عوامی طور پر ہر اس چیز کی توہین کی جسے مسلمان سب سے مقدس مانتے ہیں، تب بھی اپنے اصل حامیوں کے بیچ پارٹی کی حمایت پر کوئی آنچ نہیں آئی اور نہ ہی اس کی کسی طرح کی کوئی معنی خیز تنقید ہوئی۔

اس توہین کے ردعمل میں مسلمانوں کی جانب سے اہم احتجاجی مظاہرے ہوئے ہیں۔ یہ احتجاج سمجھ میں آتے ہیں کیونکہ یہ واقعہ اس قدر تشدد اور بربریت کے پس منظر میں رونما ہوا ہے۔

بس جو بات ناقابل فہم تھی وہ یہ کہ جیسا ہوتا ہی ہے، کچھ مشتعل افراد نے توہین رسالت کے قانون کا مطالبہ کیا۔ بی جے پی تو شاید اسے خوشی سے نافذ کرنا چاہے گی، کیونکہ تب اس قانون کے تحت ہندو راشٹر واد کے بارے میں تقریباً ہر قسم کا تبصرہ جرم بن جائے گا۔ یہ ہر اس تنقید اور فکری تبصرے کو عملی طور پر خاموش کر دے گا جو اس سیاسی اور نظریاتی دلدل کے بارے میں کی جاتی ہے جس میں ہندوستان ڈوب رہا ہے۔

احتجاج کرنے والے دوسرے افراد نے، جیسا کہ ایک اہم سیاسی جماعت، آل انڈیا مجلس اتحاد المسلمین (اے آئی ایم آئی ایم) سے وابستہ ایک شخص نے پھانسی دینے اور لوگوں کا سر قلم کرنے کا مطالبہ کیا۔ یہ تمام واقعات مسلمانوں کے بارے میں بتائے جانے والے ہر اس دقیانوسی تصور کو ثابت کرنے کے لیے استعمال میں لائے گئے، جس کو ہندو رائٹ ونگ بڑی محنت کر کے بناتا ہے۔

توہین کی اونچی دیواروں اور دونوں طرف سے آ رہی موت کی دھمکیوں کے درمیان کسی بھی طرح کی کوئی بات چیت ممکن نظر نہیں آتی۔

ان مظاہروں کے بعد ہونے والے پولرائزیشن نے بس یہی کیا کہ بی جے پی کی حمایت میں اضافہ ہو گیا۔ توہین کرنے والی بی جے پی ترجمان کو پارٹی سے معطل کر دیا گیا ہے، لیکن ان کے کیڈر نے انھیں کھلے عام اپنا لیا ہے۔ ان کا سیاسی مستقبل روشن نظر آتا ہے۔

آج ہم ہندوستان میں جس دور میں رہ رہے ہیں وہ 'اسکارچڈ ارتھ پالیسی' کی ایک سیاسی شکل ہے۔ اس پالیسی کے تحت دشمن کے لیے مفید ہر چیز کو تباہ کر دیا جاتا ہے، تاکہ وہ انھیں استعمال نہ کر سکے۔

ہر چیز، ہر ادارہ جسے بنانے میں برسوں لگے، تباہ کیے جا رہے ہیں۔ یہ حیران کن ہے۔ نوجوانوں کی ایک نئی نسل اس طرح پروان چڑھے گی کہ انھیں کوئی حقیقت معلوم نہیں ہوگی، سوائے ان بے بنیاد باتوں کے جو ان کے ذہنوں میں بھری گئی ہوں گی۔ ان کا اپنے ملک کی تاریخ اور اس کی ثقافتی پیچیدگیوں سے کوئی تعلق نہیں ہوگا۔

یہ حکومت 400 ٹی وی چینلوں، لاتعداد ویب سائٹس اور اخباری میڈیا کی مدد سے مذہبی بنیاد پرستی اور نفرت کو ہوا دیتی رہتی ہے۔ اس میں ہندو مسلم علیحدگی کے دونوں اطراف سے اٹھنے والے، زہر فشانی کرتے خستہ حال کردار آگ لگاتے رہتے ہیں۔

ہندو رائٹ ونگ کے کیڈر کے اندر ایک نیا، جارحانہ انتہا پسند رائٹ ونگ ہے جس میں ایک طرح کی

بے قراری نظر آ رہی ہے، جس پر قابو پانے میں مودی حکومت کو بھی مشکل پیش آ رہی ہے کیونکہ یہ حصہ بی جے پی کا حقیقی حامی ہے۔

سوشل میڈیا پر اب مسلمانوں کی نسل کشی کا مطالبہ روزمرہ کی بات بن چکی ہے۔ ہم ایک ایسے مقام پر پہنچ چکے ہیں جہاں سے واپسی ممکن نظر نہیں آتی۔ اب ہمیں، جو اس کے خلاف کھڑے ہیں اور خصوصی طور پر ہندوستان کے مسلمانوں کو، جس بات پر سوچنے کی ضرورت ہے، وہ یہ ہے کہ ہم اس سے کیسے بچ کر نکل سکتے ہیں؟ کیسے ہم اس کی مخالفت کر سکتے ہیں؟

ان سوالوں کا جواب دینا مشکل ہے، کیونکہ آج ہندوستان میں احتجاج کو ہی، چاہے وہ کتنا ہی پرامن کیوں نہ ہو، دہشت گردی جیسا گھناؤنا جرم بنا دیا گیا ہے۔

[بشکریہ دی وائر، 21 جون 2022]

بلوچستان میں گمشدگیوں کا مسئلہ

ملک سراج اکبر

لاہور میں منعقد عاصمہ جہانگیر کانفرنس میں بلوچستان سے تعلق رکھنے والے سپریم کورٹ بار ایسوسی ایشن کے سابق صدر علی احمد کرد کی تقریر نے جہاں ایک طرف ملک میں سول ملٹری تعلقات، عدلیہ کی آزادی اور شہریوں کے برابر حقوق کی بحث کو ایک بار پھر گرما دیا ہے وہیں انھوں نے بلوچستان میں جبری گمشدگیوں کی سنگینی کو بھی ملک کے بااختیار طبقے کے سامنے اجاگر کیا۔

ان کے بقول ملک میں آئین و قانون کی خلاف ورزی اور شہریوں کو انصاف سے محروم رکھنے کے اس 'مذاق' کو اب ختم ہو جانا چاہیے۔

نومبر کی اوائل میں کوئٹہ میں جامعہ بلوچستان کے دو طلبہ کی 'جبری گمشدگی' سے صوبے میں طلبہ مظاہروں کی ایک نئی لہر شروع ہوئی ہے جو ہنوز جاری ہے۔ یہ طلبہ اب تک لاپتہ ہیں۔ باقی طلبہ میں خوف پایا جاتا ہے کہ وہ اپنی ہی جامعہ کے احاطے میں بھی محفوظ نہیں ہیں۔

حکومت نے خود بلوچستان اسمبلی میں یہ اعتراف کیا کہ اس وقت جامعہ میں 160 کیمرے نصب ہیں لیکن جب پوچھا گیا کہ اس کے باوجود طلبہ وہاں سے کیسے لاپتہ ہوئے تو یہ بتایا گیا کہ بجلی نہ ہونے کی وجہ سے ان کیمروں کا بیک اپ موجود نہیں۔ طلبہ اپنے احتجاج میں حق بجانب ہیں کیونکہ انھیں اس بات کا ملال ہے کہ ان کا تحفظ قانون نافذ کرنے والے اداروں کی ذمہ داری ہے۔

بلوچستان میں حالیہ سیاسی بحران کے بعد اب ایک نیا وزیراعلیٰ اور کابینہ آگئے ہیں لیکن یہ توقع رکھنا کہ اس پیش رفت سے صوبے میں نئی عوام دوست پالیسیاں بھی دیکھنے کو ملیں گی، خود فریبی ہوگی۔ طلبہ کے پرزور مظاہرے اس بات کی عکاسی کرتے ہیں کہ صوبے میں جو چند گھمبیر مسائل عرصہ دراز سے حل طلب ہیں محض چشم پوشی، انکار اور ٹال مٹول سے حل نہیں ہوں گے۔

دوسری طرف ماورائے عدالت کارروائیوں کے خلاف جو سیاسی و سماجی کارکن متحرک ہیں، وہ اپنی جدوجہد سے دستبردار ہونے پر آمادہ نہیں ہیں۔ انھیں خاموش کرنے کی تمام تراکیب بے سود ثابت ہوئیں اور لاپتہ افراد کی بازیابی کی تحریک بدستور مصمم اور توانا ہے۔

لاپتہ افراد کا معاملہ اور دیگر غیر طے شدہ مسائل وقتاً فوقتاً نمودار ہو کر حکومت کے لیے شرمندگی کا باعث بنتے ہیں۔ اس حوالے سے کافی عرصے سے صوبائی حکومتوں کا طریقۂ واردات یہ رہا ہے کہ وہ اسے سکیورٹی اور خفیہ اداروں کے علاوہ بلوچ قوم پرستوں کا باہمی قضیہ قرار دے کر خود کو لاتعلق کرتی آ رہی ہیں۔

ایک طرح سے یہ اپنی بنیادی ذمہ داری سے دستبردار ہونے کے مترادف ہے۔ تمام شہریوں کے جان و مال کا تحفظ صوبائی حکومت کی بنیادی ذمہ داری ہے اور جو حکومت یہ ذمہ داری پوری نہیں کرتی تو شہری بلاشبہ اس کے وجود اور جواز پر سوال اٹھانے کا حق رکھتے ہیں۔

لیکن خود صوبائی وزرا اور اہلکار نجی مجلسوں میں یہ کہہ کر اپنی بے بسی کا اعتراف کرتے ہیں کہ 'یہ نازک معاملات' ان کے اختیار سے باہر ہیں۔ لہٰذا وہ اس مسئلے کو اگر حل کرنا بھی چاہیں تو کچھ نہیں کر سکتے۔

یہی وجہ ہے کہ تین ہفتے قبل لاپتہ ہونے والے طلبہ کی بازیابی میں تاخیر کی وجہ صوبائی حکومت کبھی یہ بتاتی ہے کہ وزیر اعلیٰ کی طبیعت ٹھیک نہیں تھی تو کبھی کہتی ہے کہ دراصل آئی جی صاحب اپنے بھائی کی فاتحہ خوانی کے سلسلے میں کوئٹہ سے باہر تھے۔ اس معاملے میں حکومت تو انتظار کر سکتی ہے لیکن ایسا کلیجہ کہاں سے لائیں جو لاپتہ افراد کی غم زدہ ماؤں کو حکومت کی 'مجبوریوں' اور بہانوں کو سمجھانے پر قائل کرے؟

بلوچستان میں جاری شورش میں پچھلی دو دہائیوں سے کئی اتار چڑھاؤ آئے۔ کئی بار مذاکرات کی بات ہوئی تو کئی نئی تنظیمیں بن کر سامنے آئیں لیکن اس تمام عرصے میں ایک بات جو تواتر سے دیکھنے میں آئی ہے وہ یہ ہے کہ صوبے میں شاید 'ملک دشمن عناصر' سے نمٹنے کا ایک طریقہ جبری طور پر لاپتہ کرنا ہے۔

ترقی یافتہ دنیا میں زیادہ تر پالیسیاں، سروے نتائج اور اعداد و شمار (ڈیٹا) کو مدنظر رکھ کر مرتب کی جاتی ہیں کہ کون سی پالیسی موثر ہے اور کون سی کام نہیں کر رہی۔ لیکن ہمارے ہاں سائنسی بنیاد پر یہ دعویٰ نہیں کیا جا سکتا کہ لوگوں کو آئین و قانون کے مطابق گرفتار کر کے عدالتوں میں پیش کرنے کی بجائے لاپتہ کرنے سے ملک کو زیادہ محفوظ بنایا جا سکتا ہے۔

اخباری رپورٹس کا جائزہ لیا جائے تو پتہ چلتا ہے کہ بہت کم ایسے لاپتہ افراد ہیں جن کا تعلق بلوچ مسلح تنظیموں سے ہے۔ پہلی بات تو یہ ہے کہ مسلح تنظیمیں زیادہ تر شہر سے باہر اپنے مورچوں میں رہتی ہیں یا پہاڑی علاقوں میں کارروائی کرتی ہیں اور دوسری بات یہ ہے مسلح افراد کو جب بھی حکومتی اہلکار گرفتار یا لاپتہ کرنے کی کوشش کرتے ہیں تو فریقین کے درمیان خونی جھڑپیں ہوتی ہیں۔ یہی وجہ ہے کہ زیادہ تر نہتے شہری بالخصوص کالج اور جامعات کے نوجوان طلبہ ہی جبری گمشدگیوں کی اس متنازع پالیسی کا شکار بنتے ہیں۔

لاپتہ افراد کے والدین کو فوری طور پر یہی خدشہ ہوتا ہے کہ کہیں ان کے بچوں کو گمشدگی کے دوران ہی مار نہ دیا جائے۔ اس بات کے پیش نظر اگر ان کے بچے کا تعلق کسی سیاسی جماعت یا سوچ و فکر سے رہا بھی ہے تو وہ اس امید سے یہ کہہ دیتے ہیں کہ ان کے بیٹے کا کسی سیاسی جماعت سے تعلق نہیں تھا کہ شاید اس بنیاد پر ان کی اولاد کو بری کر دیا جائے۔

حکومت کا کہنا ہے کہ وہ جبری گمشدگیوں کے معاملے کو بڑی سنجیدگی سے لیتی ہے اور اس کے حل کے لیے ایک کمیشن بھی مقرر کیا گیا ہے۔ اس کا کہنا ہے کہ گمشدگیوں کی وجوہات کئی ہو سکتی ہیں۔

تعلیمی پسماندگی کا تو یہ عالم ہے کہ دیہی بلوچستان میں بیشتر والدین پڑھ لکھ نہیں سکتے۔ بیشتر کو اردو بولنا تک نہیں آتی۔ چنانچہ وہ ایف آئی آر درج کر سکتے ہیں اور نہ ہی انسانی حقوق کی تنظیموں کی جانب سے فراہم کردہ خاصا پیچیدہ اور تفصیلی کوائف نامہ بھر سکتے ہیں۔ بے بسی کا یہ عالم ہے کہ بہت سارے والدین کو پریس ریلیز لکھنا آتا ہے اور نہ ہی ذرائع ابلاغ کو انٹرویو دینا۔

سیاست جرم نہیں ہے۔ سیاسی سوچ رکھنا اور کسی سیاسی جماعت میں شمولیت کرنا اور اس کی سرگرمیوں میں حصہ لینے کی سزا اتنی بھاری نہیں ہونی چاہیے۔ والدین کو اپنے بچوں کی سیاست میں شمولیت پر شرمندہ یا معذرت خواہ نہیں ہونا چاہیے۔ انصاف کو مشروط نہیں ہونا چاہیے۔

بظاہر لگتا ہے کہ لاپتہ افراد کا معاملہ قومی سلامتی اور قانون نافذ کرنے والے مختلف اداروں کے درمیان ٹکراؤ کا نتیجہ ہے۔ ادارے ایک دوسرے پر اعتماد نہیں کرتے چنانچہ ملکی سلامتی اور مفاد کے نام پر غیر انسانی اور غیر قانونی عمل بلا خوف و خطر سرانجام پاتے ہیں۔

لاپتہ افراد کے معاملہ نے بلوچستان کے عام شہری کا اعتبار قومی اداروں پر سے اٹھا لیا ہے۔ جوں جوں اداروں پر عوامی بھروسہ ختم ہوتا جاتا ہے، اس کا فائدہ صوبہ میں علیحدگی پسند قوتوں کو ہو گا جن کی بقا اور کامیابی اسی بات پر منحصر ہے کہ حکومت کس حد تک ناکام ہوتی ہے اور لوگ کب تھانوں اور عدالتوں کے دروازوں پر دستک دینا چھوڑ دیں گے۔

[بشکریہ انڈیپنڈنٹ اردو، 23 نومبر 2021]

فلسطین کی لڑائی ہماری بھی لڑائی ہے

اروندھتی رائے

13 دسمبر 2023 کو ترواننت پورم میں منعقدہ پی گووند پلئی ایوارڈ تقریب میں ارندھتی رائے کا خطبہ۔

پی گووند پلئی کے نام پر مجھے یہ اعزاز عطا کرنے کے لیے شکریہ، جو کیرالہ سے تعلق رکھنے والے مارکسی فکر و فلسفہ کے سرکردہ دانشوروں میں سے ایک تھے۔ اور اس کے لیے بھی شکریہ کہ آپ نے مجھے یہ اعزاز دینے کے لیے این رام سے گزارش کی۔ میں جانتی ہوں کہ انھیں پچھلے سال اس اعزاز سے نوازا گیا تھا، لیکن کئی لحاظ سے میرے اس اعزاز میں ان کا بھی حصہ ہے۔ 1998 میں 'فرنٹ لائن' کے ایڈیٹر کی حیثیت سے اور 'آؤٹ لک' کے ایڈیٹر ونود مہتہ کے ساتھ انھوں نے میرا پہلا سیاسی مضمون 'دی اینڈ آف امیجنیشن' شائع کیا تھا، جو ہندوستان کے جوہری تجربات کے بارے میں تھا۔ اور اس کے بعد وہ کئی سالوں تک میری نگارشات شائع کرتے رہے۔ ان کی مدیرانہ جرأت مندی نے ہی مجھے ایسا قلمکار بننے کا حوصلہ دیا جو آج میں ہوں۔

ہندوستان میں آزاد صحافت کے خاتمے کے بارے میں بولنے کا میرا کوئی ارادہ نہیں ہے۔ یہاں موجود تمام لوگ اس کے بارے میں جانتے ہیں۔ اور نہ ہی میں اس بارے میں بولنے جا رہی ہوں کہ ان تمام اداروں کا کیا حشر ہوا ہے، جن کو ہماری جمہوریت کو صیقل کرنے اور اسے صحیح راستے پر گامزن کرنے کے لیے قائم کیا گیا تھا۔ بیس سالوں سے میں یہی کرتی آ رہی ہوں اور مجھے یقین ہے کہ یہاں موجود تمام لوگ میرے خیالات سے واقف ہوں گے۔

شمالی ہندوستان سے کیرالہ آنے کے بعد یا قریب قریب کسی بھی جنوبی ریاست میں آ کر میں سکون محسوس کرتی ہوں اور بے چینی بھی کہ شمال میں رہنے والے ہم میں سے متعدد لوگوں کو روزمرہ کی زندگی میں جس

34 صحافتی مزاحمت

دہشت کے ساتھ جینا پڑتا ہے، لگتا ہے اس سے کتنی دور آ گئی ہوں۔ حقیقت یہ ہے کہ ہم جتنا سوچ رہے ہیں، یہ اتنی دور نہیں ہے۔ اگر موجودہ حکومت اگلے سال دوبارہ اقتدار میں آتی ہے، تو 2026 میں حد بندی کی کارروائی کے تحت ممکن ہے کہ پارلیامنٹ میں ہم جتنے ایم پی بھیجتے ہیں، ان کی تعداد کو کم کر کے پورے جنوبی ہندوستان کی طاقت چھین لی جائے۔ ہمارے تنوع پسند ملک کی ریڑھ وفاقیت بھی خطرے میں ہے۔

مرکزی حکومت جس طرح اپنے آپ کو بے لگام طاقت اور اختیارات سونپتی جا رہی ہے، اس میں ہم اپوزیشن پارٹیوں کی حکومت والی ریاستوں کے منتخب وزرائے اعلیٰ کی بے بسی بھی دیکھ رہے ہیں۔ انھیں ان کے ریاستوں کے لیے بنے عوامی فنڈ سے اپنی ریاستوں کے حصہ کے لیے منتیں کرنی پڑ رہی ہیں۔ وفاقیت کو تازہ ترین دھچکا سپریم کورٹ کا آئین کے آرٹیکل 370 کے خاتمے کو درست قرار دینے کا فیصلہ ہے۔ اس آرٹیکل میں ریاست جموں وکشمیر کو نیم خود مختاری کا درجہ دیا گیا تھا۔ یہ ہندوستان کی واحد ریاست نہیں ہے جسے خصوصی درجہ حاصل ہے۔ یہ تصور کرنا سنگین غلطی ہوگی کہ یہ فیصلہ صرف کشمیر کے بارے میں ہے۔ اس کا اثر ہمارے نظام کے بنیادی ڈھانچے تک پہنچتا ہے۔

لیکن آج میں ایک ایسی چیز کے بارے میں بات کرنا چاہتی ہوں جو بہت زیادہ فوری اور ضروری ہے۔ ہمارا ملک اپنی اخلاقیات کھو چکا ہے۔ انتہائی گھناؤنے جرائم، نسل کشی اور نسلی تطہیر کے انتہائی خوفناک اعلانات کی تعریف کی جا رہی ہے اور سیاسی انعامات دیے جا رہے ہیں۔ جہاں تمام دولت چند لوگوں کے ہاتھوں میں مرتکز ہو رہی ہے وہیں یہ طاقتیں غریبوں پر چند ٹکڑے ڈال کر اقتدار حاصل کرنے میں کامیاب ہو رہی ہیں جس سے غریب عوام کی حالت زار میں مزید اضافہ ہو رہا ہے۔

ہمارے دور کا سب سے حیران کن مخمصہ یہ ہے کہ پوری دنیا میں لوگ خود کو مزید کمزور اور محروم بنانے کے لیے ووٹ دیتے نظر آ رہے ہیں۔ وہ انھیں موصولہ معلومات کی بنیاد پر اپنا ووٹ ڈالتے ہیں۔ وہ معلومات کیا ہیں اور اس پر کس کا کنٹرول ہے، یہ جدید دنیا کا میٹھا زہر ہے جس کا ٹکنالوجی پر قبضہ ہے، اس کا دنیا پر کنٹرول ہے۔ لیکن آخر کار، میرا یقین ہے کہ عوام پر قبضہ نہیں جا سکتا اور وہ قبضے میں نہیں آئیں گے۔ مجھے یقین ہے کہ نئی نسل بغاوت کے لیے کمر بستہ ہے۔ ایک انقلاب آئے گا۔ مجھے معاف کیجیے۔ میں یہ بات اصلاح کر کے کہتی ہوں۔ انقلابات آئیں گے، کئی سارے انقلاب آئیں گے۔

میں نے کہا کہ ایک ملک کے طور پر ہم اپنا اخلاقی کمپاس (قطب نما) کھو چکے ہیں۔ پوری دنیا میں لاکھوں یہودی، مسلمان، عیسائی، ہندو، کمیونسٹ اور ملحد سڑکوں پر جلوس نکال رہے ہیں، غزہ پر حملوں کو فوراً بند کرنے کا مطالبہ کر رہے ہیں، لیکن ہمارے ملک کی سڑکیں آج خاموش ہیں، ہمارا وہی ملک ہے جو کبھی غلام، اور استعماری عوام کا سچا دوست، جو فلسطین کا خیر خواہ تھا۔ جہاں کبھی لاکھوں لوگوں کے جلوس نکلے ہوتے تھے، وہی سڑکیں آج خاموش ہیں۔ چند ایک کو چھوڑ کر ہمارے اکثر ادیب اور دانشور بھی خاموش ہیں۔ کتنی شرمناک بات ہے اور تنگ

نظری کا کس قدر افسوسناک مظاہرہ۔

جب ہم دیکھ رہے ہیں کہ ہماری جمہوریت کے تانے بانے کو کس طرح منظم طریقے سے تباہ کیا جا رہا ہے، اور ہمارے غیر معمولی تنوع پسند ملک پر ایک جھوٹی اور سب کو ایک ساتھ جکڑ دینے والی قوم پرستی مسلط کی جا رہی ہے، تو کم از کم جو لوگ اپنے آپ کو دانشور کہتے ہیں، انھیں معلوم ہونا چاہیے کہ اشتعال اور فرقہ پرستی ہمارے ملک میں بھی تباہی لا سکتی ہے۔

اگر ہم اسرائیل کے ہاتھوں فلسطینی عوام کے کھلے عام قتل کے بارے میں کچھ نہیں کہتے ہیں، یہاں تک کہ یہ ہماری نجی زندگی کے انتہائی باطنی اور نجی لمحوں تک میں لائیو اسٹریم ہو رہا ہے، تو ہم اس قتل عام میں شریک ہو جاتے ہیں۔ کیا ہم بس چپ چاپ دیکھتے رہیں گے، جبکہ گھروں، ہسپتالوں، پناہ گزینوں کے کیمپوں، اسکولوں، یونیورسٹیوں، آرکائیوز پر بم گرائے جا رہے ہیں، دس لاکھ سے زیادہ لوگ بے گھر ہو چکے ہیں اور ملبے کے نیچے سے بچوں کی لاشیں نکل رہی ہیں؟ غزہ کی سرحدیں بند ہیں۔ لوگ کہیں نہیں جا سکتے۔ ان کے پاس چھپنے کی جگہ نہیں ہے، کھانا نہیں ہے، پانی نہیں ہے۔ اقوام متحدہ کا کہنا ہے کہ نصف سے زیادہ آبادی بھکمری کا سامنا کر رہی ہے اور اس کے باوجود ان پر مسلسل بمباری کی جا رہی ہے۔ کیا ہم پھر سے اسے خاموشی سے دیکھتے رہیں گے کہ ایک پوری قوم کو اس قدر کمتر انسان بنا دیا جائے کہ ان کا خاتمہ ایک بے معنی، معمولی بات بن جائے؟

فلسطینیوں کو انسانوں سے کمتر کوئی چیز سمجھنے کی شروعات بنجمن نیتن یاہو اور ان کے گروپ سے نہیں ہوئی تھی۔ یہ دہائیوں پہلے شروع ہو گئی تھی۔

قابل ذکر ہے کہ میں نے 11 ستمبر 2001 کی پہلی سالگرہ پر 2002 میں اقوام متحدہ میں ایک لیکچر دیا تھا' کم ستمبر'۔ اس میں میں نے 11 ستمبر کی دیگر سالگرہوں کے بارے میں بات کی تھی۔ اس تاریخ کو 1973 میں چلّی کے صدر سالوادور آیندے کے خلاف سی آئی اے کی حمایت سے تختہ پلٹ ہوا تھا۔ اور پھر اسی تاریخ کو 1990 میں اس وقت کے امریکی صدر جارج ڈبلیو بش 'بش سینئر' نے پارلیامنٹ کے ایک مشترکہ اجلاس سے خطاب کرتے ہوئے عراق کے خلاف جنگ چھیڑنے کے حکومتی فیصلے کا اعلان کیا تھا۔ اور پھر میں نے فلسطین کے بارے میں بات کی تھی۔ میں آپ کو وہ حصہ پڑھ کر سناتی ہوں، اور آپ دیکھیں گے کہ اگر میں نے آپ کو یہ نہ بتایا ہوتا کہ یہ 21 سال پہلے لکھا گیا تھا، تو آپ سوچتے کہ یہ آج کے بارے میں ہے۔

''گیارہ ستمبر کی المناک بازگشت مشرق وسطیٰ میں بھی دیکھنے کو ملتی ہے۔ 11 ستمبر 1922 کو عرب عوام کے غصے کو نظر انداز کرتے ہوئے برطانوی حکومت نے فلسطین میں ایک فرمان جاری کیا۔ یہ 1917 کے بالفور اعلان کا اگلا قدم تھا، جو برطانوی سلطنت نے اس وقت جاری کیا تھا جب اس کی فوجیں غزہ کی سرحدوں پر تعینات تھیں۔ بالفور اعلان نے یورپی صیہونیوں کو یہودیوں کے لیے ایک مملکت کا وعدہ کیا تھا۔ (اس وقت سلطنت، جس کا سورج کبھی غروب نہیں ہوتا، لوگوں کی زمینیں چھیننے اور بانٹنے کے لیے آزاد تھی، جیسے کہ کوئی دبنگ بچہ اسکول میں گولیاں بانٹتا

ہے)۔ کتنی لاپرواہی کے ساتھ سلطنتوں نے قدیم تہذیبوں کو تباہ کیا ہے۔ فلسطین اور کشمیر برطانیہ کے گہرے خون میں لت پت زخم ہیں جو اس نے جدید دنیا کو لگائے ہیں۔ آج دونوں ہی شدید بین الاقوامی تنازعات کے مراکز ہیں۔''

سنیے کہ 1937 میں ونسٹن چرچل نے فلسطینی عوام کے بارے میں کیا کہا تھا،''میں اس بات سے متفق نہیں ہوں کہ ایک ناند میں رہنے والے کتے کا اس ناند پر آخری حق ہوتا ہے، خواہ وہ اس میں لمبے عرصے تک کیوں نہ رہا ہو۔ میں اس حق کو قبول نہیں کرتا۔ مثال کے طور پر، میں یہ قبول نہیں کرتا کہ امریکہ کے ریڈ انڈین یا آسٹریلیا کے سیاہ فام لوگوں کے ساتھ کوئی بہت برا سلوک کیا گیا ہے۔ میں اس بات کو قبول نہیں کرتا کہ ان لوگوں پر اس حقیقت سے کوئی ظلم ہوا ہو کہ ایک طاقتور نسل، ایک اعلیٰ نسل نے، کہہ سکتے ہیں کہ دنیاوی طور پر زیادہ ذہین نسل نے، آ کر ان کی جگہ کو اپنے قبضے میں لے لیا۔'' فلسطینیوں کے بارے میں اسرائیلی ریاست کا رویہ یہیں سے شروع ہوتا ہے۔ 1969 میں اسرائیلی وزیر اعظم گولڈا مایر نے کہا،''فلسطینیوں کا کوئی وجود نہیں ہے۔'' ان کے بعد وزیر اعظم بننے والے لیوی اے شال نے کہا،''فلسطینی کیا ہوتے ہیں؟ جب میں یہاں (فلسطین) آیا تو یہاں 250000 غیر یہودی تھے جن میں زیادہ تر عرب اور بدو تھے۔ یہ ایک صحرا تھا، پسماندہ علاقے سے بھی بدتر۔ کچھ بھی نہیں تھا۔'' وزیر اعظم مینا کیم بیگن نے فلسطینیوں کو 'دو ٹانگوں والا جانور' کہا تھا۔ وزیر اعظم اسحاق شامیر نے انھیں 'ٹڈے' کہا تھا جنھیں کچلا جا سکتا ہے۔ یہ ملک کے حکمرانوں کی زبان ہے، عام لوگوں کے الفاظ نہیں۔

اس طرح بنا وطن والے ایک عوام کے لیے بنا عوام والے ایک وطن کا خوفناک قصہ شروع ہوا۔

سن 1947 میں اقوام متحدہ نے فلسطین کو باضابطہ طور پر تقسیم کیا اور فلسطینی اراضی کا 55 فیصد صہیونیوں کے حوالے کر دیا۔ لیکن ایک سال کے اندر انھوں نے فلسطین کے 76 فیصد حصے پر قبضہ کر لیا۔ اسرائیل کی ریاست 14 مئی 1948 کو قائم ہوئی تھی۔ اقوام متحدہ نے اعلان کے چند منٹوں میں اسے تسلیم کر لیا۔ اردن نے مغربی کنارے پر قبضہ کر لیا۔ غزہ پٹی مصری فوج کے قبضے میں آ گئی اور فلسطین کا باقاعدہ وجود ختم ہو گیا، سوائے ان لاکھوں فلسطینیوں کے دل و دماغ کے جو اب اجڑ کر پناہ گزین ہو چکے تھے۔ 1967 میں اسرائیل نے مغربی کنارے اور غزہ پٹی پر بھی قبضہ کر لیا۔ دہائیوں تک بغاوتیں، جنگیں اور انتفاضہ جاری رہے۔ دسیوں ہزار لوگ اپنی جانوں سے ہاتھ دھو بیٹھے ہیں۔ معاہدوں اور قراردادوں پر دستخط کیے گئے ہیں۔ جنگ بندی کا اعلان کیا گیا اور ان کی خلاف ورزی کی گئی۔ لیکن خونریزی ختم نہیں ہوتی۔

فلسطین پر ناجائز قبضہ اب بھی جاری ہے۔ اس کے لوگ غیر انسانی حالات میں رہتے ہیں۔ نسلی امتیاز کی بنیاد پر بند علاقوں میں، ایک قسم کے بنٹوستانوں میں رہتے ہیں، جہاں انھیں اجتماعی سزائیں دی جاتی ہیں، جہاں کرفیو کبھی ختم نہیں ہوتا، جہاں روزانہ ان کی تذلیل کی جاتی ہے، وحشیانہ کارروائیوں کا نشانہ بنایا جاتا ہے۔ وہ نہیں جانتے کہ کب ان کے گھر گرا دیے جائیں گے، کب ان کے بچوں کو گولی مار دی جائے گی، کب ان کے بیش قیمتی درخت کاٹ دیے جائیں گے، کب ان کی سڑکیں بند کر دی جائیں گی، کب انھیں خوراک اور بازار سے ادویات

خریدنے کی اجازت دی جائے گی اور کب نہیں دی جائے گی؟ وہ بغیر کسی عزت کے رہتے ہیں اور بغیر کسی توقع کے۔ اپنی زمین پر، اپنی حفاظت پر، اپنی نقل وحرکت پر، اپنی مواصلات پر، پانی کی فراہمی پر ان کا کوئی کنٹرول نہیں ہے۔

لہٰذا جب معاہدوں پر دستخط کیے جاتے ہیں، اور 'خود مختاری' اور 'ریاست کا درجہ' جیسے لفظوں کے پرچم لہرائے جاتے ہیں، تب یہ سوال پوچھنا ضروری ہو جاتا ہے: کس قسم کی خود مختاری؟ کیسی ریاست؟ اس کے شہریوں کو کس قسم کے حقوق حاصل ہوں گے؟ جو نوجوان فلسطینی اپنے غصے پر قابو نہیں کر پاتے وہ خود کو انسانی بموں میں بدل دیتے ہیں اور اسرائیلی سڑکوں اور گلیوں کو نشانہ بناتے ہیں۔ وہ خود کو دھماکے سے اڑاتے ہیں، عام شہریوں کی جان لیتے ہیں، ان کی روزمرہ کی زندگیوں کو دہشت سے بھر دیتے ہیں، اور بالآخر دونوں معاشروں کے شکوک وشبہات اور ایک دوسرے سے باہمی نفرت کو ہی تقویت دیتے ہیں۔ ہر بمباری بے رحمانہ جوابی حملے کو دعوت دیتی ہے، جس سے فلسطینی عوام کی مشکلات میں مزید اضافہ ہوتا ہے۔ لیکن پھر سچ یہ ہے کہ خودکش بم حملے ذاتی مایوسی کی کارروائیاں ہیں، انقلابی قدم نہیں۔ فلسطینی حملے یقیناً اسرائیلی شہریوں کو خوفزدہ کرتے ہیں، لیکن یہ اسرائیلی حکومت کی فلسطینی علاقوں میں روزانہ کی جانے والی مداخلتوں کا ایک بہترین بہانہ بھی بن جاتے ہیں۔ وہ پرانے زمانے کے، 19ویں صدی کے استعمار کے لیے ایک بہترین بہانہ بن جاتے ہیں، جسے 21ویں صدی کے نئے زمانے کی 'جنگ' کا جامہ پہنا دیا گیا ہے۔ اسرائیل کا سب سے مضبوط سیاسی اور فوجی اتحادی امریکہ ہے اور ہمیشہ سے رہا ہے۔

امریکی حکومت نے اسرائیل کے ساتھ مل کر اقوام متحدہ کی ہر اس قرارداد کو روکا ہے، جو اس تنازعے کے پرامن اور منصفانہ حل کا مطالبہ کرتی ہے۔ اس نے اسرائیل کی تقریباً ہر جنگ کی حمایت کی ہے۔ جب اسرائیل فلسطین پر حملہ کرتا ہے تو فلسطینیوں کے گھر تباہ کرنے والے میزائل امریکی ہوتے ہیں۔ اور ہر سال اسرائیل کو اقوام متحدہ سے کئی ارب ڈالر ملتے ہیں جو کہ یہاں کے ٹیکس دہندگان کا پیسہ ہے۔

آج اسرائیل شہری آبادیوں پر جو بھی بم گرا رہا ہے اس پر امریکہ کا نام لکھا ہوا ہے۔ ہر ٹینک پر۔ ہر گولی پر۔ یہ سب کچھ نہ ہوتا اگر امریکہ دل وجان سے اس کی حمایت نہ کرتا۔ ہم سب نے دیکھا کہ 8 دسمبر کو اقوام متحدہ کی سلامتی کونسل کے اجلاس میں کیا ہوا، جب 13 رکن ممالک نے جنگ بندی کے حق میں ووٹ دیا اور امریکہ نے اس کے خلاف ووٹ دیا۔ یہ ویڈیو دیکھنا پریشان کن تھا جس میں امریکی نائب سفیر جو ایک سیاہ فام امریکی ہیں، کا ہاتھ قرارداد پر ویٹو کے لیے اٹھا۔ اس کے نشان ہمیشہ ہمارے ذہنوں پر رہیں گے۔ سوشل میڈیا پر کچھ ناراض لوگوں نے تلخی سے اسے انٹرسیکشنل امپیریل ازم قرار دیا ہے۔

نوکرشاہی کے اقدامات کو دیکھتے ہوئے ایسا لگتا ہے کہ امریکہ کا کہنا ہے: اپنا مقصد پورا کرو، لیکن رحم دلی کے ساتھ۔

ہمیں اس المناک تنازعے سے کیا سبق سیکھنا چاہیے؟ جن یہودی لوگوں نے خود اتنے مظالم برداشت

کیے ہیں (شاید تاریخ میں کسی بھی عوام سے زیادہ)، ان کے لیے کیا ان کے خطرات اور خواہشات کو سمجھ پانا سچ مچ ناممکن ہے جنھیں انھوں نے بے گھر کر رکھا ہے؟ کیا خوفناک مصائب ہمیشہ سفا کی کو جنم دیتی ہیں؟ انسانیت کے لیے اس سے کیسی امید پیدا ہوتی ہے؟ ایک فتح کی صورت میں فلسطینی لوگ کیسا برتاؤ کریں گے؟ جب ریاست سے محروم قوم ریاست بن جائے گی تو وہ ریاست کیسی ہوگی؟ اس کے جھنڈے کے سائے تلے کیسی وحشت برپا ہو گی۔ کیا ہمیں ایک الگ ریاست کے لیے لڑنا چاہیے، یا پھر ہمیں ہر ایک کی آزادی اور وقار کے ساتھ زندگی گزارنے کے حق کے لیے لڑنا چاہیے، چاہے کسی کی نسلی شناخت یا مذہب کچھ بھی ہو؟

فلسطین کبھی مشرق وسطیٰ میں سیکولرازم کا محاذ تھا۔ لیکن آج اسی جگہ حماس ایک کمزور، غیر جمہوری، ہر طرح سے بدعنوان لیکن مبینہ طور پر غیر تنگ پی ایل او کی جگہ لیتا جا رہا ہے، جو ایک تنگ نظریہ اور اسلام کے نام پر لڑنے کا کھلے عام دعویٰ کرتا ہے۔ ان کا منشور کہتا ہے: ''ہم اس کے سپاہی ہوں گے اور اس کی آگ کے لیے لکڑی ہوں گے جو دشمنوں کو جلا دے گی۔'' دنیا سے مطالبہ ہے کہ وہ خودکش حملہ آوروں کی مذمت کرے۔ لیکن کیا ہم اس طویل سفر کو نظر انداز کر سکتے ہیں جس سے گزر کر وہ اس مقام تک پہنچے ہیں؟ 11 ستمبر 1922 سے 11 ستمبر 2002 تک ایک جنگ کو جاری رکھنے کے لیے 80 سال بہت طویل عرصہ ہوتا ہے۔ کیا دنیا فلسطین کے لوگوں کو کوئی مشورہ دے سکتی ہے؟ کیا انھیں صرف گولڈا مایر کا مشورہ مان لینا چاہیے، اور حقیقت میں اس کے لیے کوشش کرنی چاہیے کہ وہ اپنا وجود مٹا ڈالیں؟

فلسطینی عوام کو ختم کر دینے، انھیں مکمل طور پر تباہ کر دینے کے خیال کو اسرائیلی سیاسی رہنما اور فوجی افسران واضح طور پر بیان کر رہے ہیں۔ 'نسل کشی کی روک تھام میں ناکامی' جو بذات خود ایک جرم ہے۔ بائیڈن انتظامیہ کے خلاف مقدمہ دائر کرنے والے ایک امریکی وکیل کا کہنا ہے کہ نسل کشی کے عزائم کو اس طرح صاف صاف اور عوامی سطح پر کہنے کے معاملے بہت کمیاب ہیں۔ ایک بار اس مقصد کو حاصل کر لینے کے بعد، شاید ان حکمرانوں کا ارادہ یہ ہو کہ ایسے عجائب گھر بنائے جائیں جن میں فلسطینی ثقافت اور دستکاری کی نمائش ہو۔ مستند فلسطینی کھانا پیش کرنے والے ریستوراں ہوں۔ شاید نئی غزہ بندرگاہ پر لائٹ اینڈ ساؤنڈ شو بھی ہوتا کہ یہ دکھایا جا سکے کہ پرانا غزہ کتنا رنگین ہوا کرتا تھا۔ ممکن ہے یہ بندرگاہ بین گوریون کینال منصوبے کے دہانے پر تعمیر کی جائے، جسے سویز نہر کے پیمانے پر تعمیر کرنے کا منصوبہ بنایا جا رہا ہے۔ کہا جا رہا ہے کہ سمندر میں کھدائی کے معاہدے پر دستخط کیے جا رہے ہیں۔

بیس سال پہلے جب میں نے نیو میکسیکو میں 'کم ستمبر' لیکچر دیا، تو امریکہ میں فلسطین کے حوالے سے ایک قسم کی خاموشی تھی۔ اس کے بارے میں جو لوگ بولتے تھے، انھوں نے اس کی بھاری قیمت ادا کی۔ آج نوجوان سڑکوں پر ہیں۔ اگلے محاذ پر ان کی قیادت یہودی اور فلسطینی کر رہے ہیں، جو اپنی حکومت، امریکی حکومت کی کرتوتوں سے ناراض ہیں۔ یونیورسٹیوں میں ہنگامہ آرائی ہے۔ سب سے اشرافیہ کیمپس میں بھی۔ سرمایہ داری ان

کو خاموش کرنے کے لیے تیزی سے آگے بڑھ رہی ہے۔ عطیہ دہندگان فنڈنگ روکنے کی دھمکی دے رہے ہیں، اس طرح اس بات کا فیصلہ کر رہے ہیں کہ امریکی طلبا کیا کہہ سکتے ہیں اور کیا نہیں کہہ سکتے، اور انھیں کیسے سوچنا چاہیے اور کیسے نہیں سوچنا چاہیے۔ یہ ایک نام نہاد لبرل تعلیم کے بنیادی اصولوں پر حملہ ہی ہے۔

مابعد نوآبادیات، کثیر الثقافتی، بین الاقوامی قانون، جنیوا کنونشن، انسانی حقوق کے عالمی اعلامیے کا ڈھونگ ختم ہو چکا ہے، یہاں تک کہ بولنے کی آزادی یا عوامی اخلاقیات کا ڈھونگ بھی ختم ہو چکا ہے جسے بین الاقوامی وکلا اور اسکالرز تمام کسوٹیوں پر ایک نسلی نسل کشی قرار دے رہے ہیں، وہ 'جنگ' جاری ہے جس میں جرائم کے مرتکب اپنے آپ کو متاثرین کے طور پر پیش کر رہے ہیں، ایک نسل پرست ریاست چلانے والے استعمار اپنے آپ کو مظلوم کے طور پر پیش کر رہے ہیں۔ امریکہ میں اس پر سوال کرنے کا مطلب ہوگا کہ یہود مخالف ہونے کا الزام لگنا، خواہ سوال کرنے والے خود یہودی کیوں نہ ہوں۔ آپ ہوش کھو دیں گے۔ حتیٰ کہ اسرائیل بھی اس طرح کی آوازوں کو نہیں کچلتا جتنا امریکہ کچلتا ہے، جہاں اختلاف رائے رکھنے والے اسرائیلی شہری جیسے گیڈون لیوی اسرائیلی اقدامات کے سب سے زیادہ باخبر اور سخت ناقدین میں سے ہیں (حالانکہ وہاں بھی صورتحال تیزی سے بدل رہی ہے)۔ امریکہ میں تو انتفاضہ کی بات کرنے کو یہودیوں کی نسلی تطہیر کی دعوت سمجھا جاتا ہے۔ جبکہ انتفاضہ کا مطلب ہے بغاوت، مزاحمت، جو فلسطین کے معاملے میں نسل کشی کی مخالفت ہے۔ اس کا مطلب ہے اپنے کو مٹا دیے جانے کے خلاف احتجاج۔ ایسا لگتا ہے کہ فلسطینیوں کے پاس اخلاقی طور پر کرنے کے لیے صرف ایک ہی کام ہے کہ وہ مر جائیں۔ ہم سب کے سامنے صرف ایک قانونی آپشن ہے کہ ہم انھیں مرتے ہوئے دیکھیں اور خاموش رہیں۔ اگر ہم ایسا نہیں کرتے ہیں تو ہم اپنے اسکالرشپ، گرانٹس، لیکچر فیس اور اپنی روزی روٹی کو خطرے میں ڈال دیں گے۔

امریکی وار آن ٹیرر نے 11 ستمبر کے بعد دنیا بھر کی حکومتوں کو اپنے شہری حقوق کو ختم کر دینے کا، اور ایک پیچیدہ، جارحانہ نگرانی کا نظام قائم کرنے کا بہانہ فراہم کیا۔ یہ ایک ایسا نظام ہے جس میں ہماری حکومتیں ہمارے بارے میں سب کچھ جانتی ہیں، اور ہم ان کے بارے میں کچھ نہیں جانتے۔ اسی طرح امریکہ کے نئے میکارتھی ازم کی چھتری تلے پوری دنیا کے ممالک میں خطرناک چیزیں پروان چڑھیں گی۔ یقیناً ہمارے اپنے ملک میں یہ برسوں پہلے شروع ہو گیا تھا۔ لیکن اگر ہم نے اس کے خلاف آواز نہیں اٹھائی تو یہ مضبوط ہو کر ہم سب کو بہا لے جائے گا۔

ابھی کل ہی خبر آئی کہ دہلی کی جواہر لعل نہرو یونیورسٹی جو کبھی ہندوستان کی اعلیٰ یونیورسٹیوں میں شمار ہوتی تھی، نے طلبہ کے طرز عمل کے حوالے سے نئے قواعد جاری کیے ہیں۔ ان کے تحت احتجاج یا بھوک ہڑتال کرنے والے ہر طالب علم پر 20 ہزار روپے جرمانہ عائد کیا جائے گا۔ 'ملک مخالف نعرے' لگانے پر 10000 روپے۔ یہ کس قسم کے نعرے ہیں اس کی فی الحال کوئی فہرست نہیں ہے، لیکن ہم یقین سے کہہ سکتے ہیں کہ مسلمانوں کی نسلی

صحافتی مزاحمت

تطہیر اور نسل کشی کا مطالبہ کرنے والے نعرے اس فہرست کا حصہ نہیں ہوں گے، یعنی فلسطین کی لڑائی ہماری لڑائی بھی ہے۔

کہنے کے لیے جو بچا ہے اسے صاف صاف کہنا اور دہرانا ضروری ہے۔

مغربی کنارے پر اسرائیل کا قبضہ اور غزہ کا محاصرہ انسانیت کے خلاف جرائم ہیں۔ امریکہ اور دوسرے ممالک جو اس قبضے کی مالی معاونت کرتے ہیں اور اس کی حمایت کرتے ہیں، وہ اس جرم میں شریک ہیں۔ آج ہم جس دہشت گردی کا مشاہدہ کر رہے ہیں، حماس اور اسرائیل کی طرف سے شہریوں کا اندھا دھند قتل، اسی محاصرے اور قبضے کا نتیجہ ہے۔

خواہ دونوں طرف سے ہونے والے ظلم کی کیسی بھی اور کتنی ہی تفصیلات پیش کی جائیں، ان کی زیادتیوں کی کتنی ہی مذمت کی جائے، ان کے مظالم میں برابری کا جھوٹ کتنا ہی گھڑا جائے، وہ ہمیں کسی حل کی طرف نہیں لے جا سکتے۔

اس وحشت کو جنم دینے والی چیز قبضہ ہے۔ قبضہ ہی وہ چیز ہے جو جرم کے مرتکب اور اس جرم کے متاثرین دونوں پر تشدد کرتی ہے۔ اس کے متاثرین مر رہے ہیں۔ اور ان کے مجرموں کو اب اپنے جرائم کے ساتھ جینا پڑے گا اور ان کی آنے والی نسلوں کو بھی۔

یہ کسی فوجی کارروائی سے حل نہیں ہو سکتا۔ یہ صرف ایک سیاسی حل ہی ہو سکتا ہے، جس میں اسرائیلی اور فلسطینی دونوں کو ہی ایک دوسرے کے ساتھ یا ایک دوسرے کے شانہ بشانہ رہنا پڑے گا۔ احترام کے ساتھ، اور مساوی حقوق کے ساتھ۔ اس میں دنیا کی مداخلت ضروری ہے۔ اس قبضے کا خاتمہ ضروری ہے۔ فلسطینیوں کو حقیقی ملک ملنا ضروری ہے۔ اور یہ ضروری ہے کہ فلسطینی پناہ گزینوں کو واپسی کا حق حاصل ہو۔

اگر نہیں تو مغربی تہذیب کی اخلاقی عمارت منہدم ہو جائے گی۔ ہم جانتے ہیں کہ یہ ہمیشہ دو چہروں والی چیز تھی، لیکن اس میں بھی ایک قسم کی پناہ ملتی تھی۔ وہ پناہ گاہ ہماری آنکھوں کے سامنے سے غائب ہو رہی ہے۔

لہٰذا فلسطین اور اسرائیل کی خاطر، جو زندہ ہیں، ان کی خاطر اور جو مارے گئے ان کی خاطر، حماس کے ہاتھوں یرغمال بنائے گئے لوگوں کی خاطر اور اسرائیلی جیلوں میں بند فلسطینیوں کی خاطر۔ ساری انسانیت کی خاطر، یہ قتل عام فوری طور پر بند ہونا چاہیے۔

مجھے اس اعزاز کے لیے منتخب کرنے کے لیے ایک بار پھر شکریہ۔ اس ایوارڈ کے ساتھ ملنے والے 3 لاکھ روپے کے لیے بھی شکریہ۔ یہ میرے پاس نہیں رہیں گے۔ یہ ان کارکنوں اور صحافیوں کے لیے کارآمد ثابت ہوں گے جو بھاری قیمت چکانے کے باوجود اپنا احتجاج جاری رکھے ہوئے ہیں۔

[بشکریہ 'دی وائر'، 18 دسمبر 2023]

الیکشن کا کاروبار اور کارپوریٹ ادارے

افتخار گیلانی

پارلیمانی جمہوریت کی داغ بیل ڈالنے والوں کے خواب وخیال میں نہ رہا ہوگا کہ اس نظام کا اہم ستون یعنی الیکشن جنوبی ایشیا میں خاص طور پر کاروبار کا روپ دھار کر کے بلیک مارکیٹ سے زیادہ وسیع اور دست غیب سے بھی زیادہ طلسماتی بن سکتا ہے۔ مجھے یاد ہے کہ جب ہندوستان میں الیکشن کمیشن نے پارلیمانی انتخابات لڑنے والے امیدواروں کے لیے اخراجات کی حد کو 75 لاکھ اور بڑے حلقوں میں 95 لاکھ کی، تو ایک دن میں نے دارالحکومت دہلی میں اپنے حلقہ جنوبی دہلی کا دورہ کر کے معلوم کرنے کی کوشش کی کہ ایک امیدوار کو پارلیامنٹ کا الیکشن لڑنے کے لیے کس قدر رقم کی ضرورت پڑتی ہوگی۔

دیکھا کہ اس حلقہ کے 846 پولنگ بوتھوں سے ذرا دوری پر تینوں بڑی پارٹیوں یعنی بھارتیہ جنتا پارٹی (بی جے پی) عام آدمی پارٹی یعنی عاپ اور کانگریس کے ذیلی دفاتر کھلے ہیں، جن میں دس سے بیس افراد ہمہ وقت موجود رہتے ہیں، چائے، ناشتہ کے دور دن بھر چلتے رہتے ہیں۔ ان سبھی عارضی دفاتر کے لیے خیمہ، لاؤڈ اسپیکر، ٹرانسپورٹ کا انتظام ہے۔ ووٹنگ کے دن پولنگ بوتھوں کے لیے ہر پارٹی نے چار پولنگ ایجنٹ تعینات کیے ہوئے تھے۔

جب خیمہ کرایہ پر دینے والوں، لاؤڈ اسپیکر فراہم کرنے والوں اور جن ہوٹلوں سے ناشتہ، چائے وغیرہ آتی تھی، سے پتہ کیا، تو معلوم ہوا کہ ہر امیدوار کا خرچہ ایک ماہ کی کیمپینگ کا ساڑھے تین کروڑ سے کم نہیں تھا۔ یہ 2014 کی کہانی ہے۔ یہ خرچہ اب دس کروڑ سے زیادہ تجاوز کر گیا ہوگا۔ یہ رقم اس کے علاوہ ہے، جو پارٹی کا مرکزی دفتر تشہیر اور لیڈروں کے جلسوں کے انعقاد کے لیے خرچ کرتا ہے۔ بہت سے امیدوار اپنی انتخابی مہم کے دوران نقد رقم اور دیگر تحائف سائیکل، ساڑیاں، فون، کچن کا ساز وسامان اور یہاں تک کہ بکرے، مرغ اور شراب کی بوتلیں بھی ووٹروں کو لبھانے کے لیے دیتے ہیں۔

ایک محتاط اندازے کے مطابق بڑے جلسوں یعنی وزیر اعظم نریندر مودی کے ہر جلسے پر 50 کروڑ روپے کی لاگت آتی ہے، اس میں ان کی نقل وحمل کی لاگت شامل نہیں ہے، کیونکہ اس کا خرچہ ہندوستانی فضائیہ اوران کی حفاظت پر مامور اسپیشل پروٹیکشن گروپ کو اٹھانا پڑتا ہے۔

اپوزیشن کو بھی بڑی ریلیوں پر اتنی ہی یا کچھ زیادہ ہی رقم خرچ کرنی پڑتی ہوگی، کیونکہ ان کو چارٹرڈ جہاز اور ہیلی کاپٹر وغیرہ کا کرایہ اپنی جیب سے ادا کرنا پڑتا ہے۔ امیدواروں کے لیے پھر ایک اور خرچہ انتخابات کے بعد کا ہوتا ہے، جب ان کو بھاری رقوم خرچ کرکے چارٹرڈ اکاؤنٹنٹ متعین کرتے پڑتے ہیں، جو ہیر پھیر کرکے الیکشن کمیشن کو بتاتے ہیں کہ انھوں نے اس کی متعین کردہ حد کے اندر ہی رقوم خرچ کی ہیں۔

الیکشن کمیشن کے افسران نیز عوام کو بھی پتہ ہوتا ہے یہ امیدوار کی مہم کا آدھے دن کا بھی خرچہ نہیں ہوسکتا ہے، مگر کیا کیا جائے بدعنوانی کی اصل جڑ کو درکنار کرکے اگلے پانچ سال تک زبانی جمع خرچ کرکے بدعنوانی پر قدغن لگانے کے نام پر دکھانے کے لیے حریفوں کے ہاں ریڈ کرواکے پھر اگلے انتخاب کی تیاری کی جاتی ہے۔

حکمرانوں کو جوابدہ بنانے کے لیے جو پارلیمانی نظام اپنایا گیا تھا، وہ اب سرمایہ داروں کی لونڈی بن چکا ہے۔ انتخابات کا طریقہ کار ہی ایسا ہے کہ اس کی جڑیں کرپشن کی زمین میں گڑی ہیں۔ ہندوستان میں، جہاں عام انتخابات کا بگل بج چکا ہے، اس بار ایک اندازے کے مطابق 20.1 ٹریلین روپے یعنی 4.14 بلین ڈالر خرچ ہوجائیں گے۔ ان میں سے الیکشن کمیشن کا خرچ صرف بیس فیصد ہی ہے۔

اسٹیٹسٹا ریسرچ ڈپارٹمنٹ کے مطابق، 2019 کے انتخابات میں 550 بلین روپے خرچ کیے گئے تھے۔ ان میں حکمران جماعت بی جے پی نے تقریباً 275 بلین روپے خرچ کیے تھے۔ 2020 میں امریکی صدارتی اور کانگریس کے انتخابات میں بھی تقریباً 4.14 بلین ڈالر خرچ کیے گئے تھے۔ یعنی انتخابی اخراجات کے مقابلے میں ہندوستان امریکہ کی برابری کرنے کی پوزیشن میں پہنچ چکا ہے۔ فرق بس اتنا ہے کہ امریکہ میں سیاسی امیدواراں کی فنڈنگ کا سسٹم شفاف ہے یعنی ووٹروں کو معلوم ہے کہ کون کس امیدوار کو رقوم فراہم کر رہا ہے اور اس کے بدلے میں کیا فائدے چاہتا ہے۔ جنوبی ایشیا کی جمہوریت میں فنڈنگ کا یہ سسٹم دبیز طلسماتی تہہ میں دبا ہوا ہے۔

سیاسی پارٹیوں کی فنڈنگ کو اور زیادہ پیچیدہ بناتے ہوئے 2017 میں ہندوستان کے اس وقت کے وزیر خزانہ ارون جیٹلی نے ایک عجیب وغریب اسکیم کا اعلان کیا، جس کے مطابق جو کارپوریٹ ادارے سیاسی پارٹیوں کو رقوم دینا چاہتے ہیں، وہ اسٹیٹ بینک آف انڈیا جاکر بانڈ خریدیں، جس پر کسی کا نام درج نہیں ہوگا۔ یہ ایسا ہی سسٹم ہے، جیسے پوسٹ آفس سے پوسٹل آرڈر ملتا تھا۔ مگر ظاہر سی بات ہے کہ بینک، جو وزارت خزانہ کے تحت کام کرتا ہے، اپنے پاس تو ریکارڈ رکھتا ہی ہے، اور حکمرانوں کو اس تک رسائی تو ہوتی ہی ہے۔ یہ سسٹم اس لیے لاگو کیا گیا تھا تاکہ سیاسی پارٹیوں اور عوام سے یہ پوشیدہ رکھا جائے کہ کس کارپوریٹ ادارے نے کس پارٹی کو کتنی رقوم دیں۔

کارپوریٹ اداروں کو تحفظ دینا مقصود تھا، تاکہ اگر کوئی ایسی پارٹی پاور میں آتی ہے، جس کو انہوں نے فنڈ نہ کیا ہو، وہ اس کے عتاب کا شکار نہ ہو جائیں۔ مگر بھلا ہو سپریم کورٹ کا، جس نے حال ہی میں اس سسٹم کو کالعدم کر کے حکم دیا کہ ووٹروں کے لیے یہ جاننا لازم ہے کہ جس پارٹی کو وہ ووٹ دے رہے ہیں، اس کو کون رقوم دے رہا ہے۔ کورٹ نے اسٹیٹ بینک آف انڈیا کو حکم دیا کہ یہ ڈیٹا فی الفور الیکشن کمیشن کے حوالے کرے اور الیکشن کمیشن کو ہدایت دی کہ اس کو اپنی ویب سائٹ پر عام کر دے۔ بینک نے پہلے تو لیت و لیل سے کام لے کر اس کو جون تک ٹالنے کی کوشش کی، مگر کورٹ کے سخت رویہ کے بعد اس کو یہ ڈیٹا عام کرنا ہی پڑا۔

ان اعداد و شمار کے مطابق، حکمران بی جے پی کو 2018 سے 2022 تک کل 92 بلین روپے (1.1$ بلین) روپے کے بانڈ ملے۔ یعنی کل انتخابی بانڈز کی مالیت کا 57 فیصد اس نے حاصل کیا۔ اہم اپوزیشن کانگریس پارٹی کو اسی مدت میں 6.9 بلین روپے یا 10 فیصد بانڈ ملے۔ اہم بات یہ ہے کہ کچھ کارپوریٹ اداروں نے خسارے میں ہوتے ہوئے بھی دل کھول کر سیاسی جماعتوں کو چندہ دیا، جس کی بس یہی ایک توضیح سامنے آسکتی ہے کہ یہ شاید شیل کمپنیاں تھیں۔ انتخابی بانڈز خریدنے والی 200 سرفہرست فرموں میں سے کم از کم 16 نے اس وقت عطیہ دیا جب ان کا اپنا کاروبار پچھلے تین سالوں سے مسلسل خسارے میں چل رہا تھا۔ وہ اپنے شیئر ہولڈرز کو پیسہ دینے کی پوزیشن میں نہیں تھے، مگر مجموعی طور پر سیاسی جماعتوں کو انھوں نے سات ارب روپے کا عطیہ دیا۔ اس میں سے 460 کروڑ روپے (60 فیصد سے زیادہ) بی جے پی کو دیے۔

ہندوستان میں کمپنی ایکٹ کی رو سے، کوئی کمپنی پچھلے تین مالی سالوں میں کمائے گئے اوسط منافع کا صرف 7.5 فیصد ہی سیاسی یا سماجی کاموں کے لیے عطیہ کر سکتی تھی تاکہ کمپنی کے شیئر ہولڈرز کے مفادات کا تحفظ ہو سکے اور کمپنی کے افسران ان کے خون پسینہ کی کمائی لٹاتے نہ پھریں۔ مثال کے طور پر، اگر کسی کمپنی نے تین سال کے لیے اوسطاً 100 روپے کا منافع کمایا، تو اسے چوتھے سال میں صرف 7.5 روپے عطیہ کرنے کی اجازت تھی۔ یہ عام فہم ہے کہ کوئی بھی کمپنی جو اپنے منافع سے غیر متناسب عطیہ کرتی ہے وہ کالے دھن کو سفید بنانے میں ملوث ہو سکتی ہے۔ مگر 2017 میں ہی جب الیکٹورل بانڈ کی اسکیم نافذ کی گئی، تو خاموشی کے ساتھ کمپنی ایکٹ کی اس ایک لائن کو ختم کر دیا گیا۔

اس ترمیم کے ذریعے کمپنی کے ایگزیکٹوز اپنے من کے مطابق عطیہ کر سکتے ہیں۔ رپورٹرز کلیکٹو نامی ویب سائٹ نے جب بانڈ خریدنے اور پھر ان کو سیاسی پارٹیوں کی دینے والی سرفہرست 200 فرموں کی کارپوریٹ فائلنگ کا تجزیہ کیا، تو معلوم ہوا کہ اگر 7.5 فیصد کی حد برقرار رکھی جاتی تو ان کمپنیوں میں سے 16 کو سیاسی جماعتوں کو ایک روپیہ بھی دینے کی اجازت نہ ہوتی۔ مزید برآں، ان 200 فرموں کو اس سال صرف 21 لاکھ روپے عطیہ کرنے کی اجازت ہوتی۔ لیکن حقیقت یہ ہے کہ ان کمپنیوں نے مل کر سیاسی جماعتوں کو 87 ارب روپے عطیہ میں دیے۔

مثال کے طور پر ٹیلی کام کمپنی بھارتی ایئرٹیل کے گوشوارہ کے مطابق مالی سال 2020-21 اور 2022-23 میں اس کمپنی کو 17.97 ارب روپے کا نقصان اٹھانا پڑا، جس کی وجہ سے وہ شیئر ہولڈروں کے ساتھ پیسے بٹورنے کی پوزیشن میں نہیں تھی، مگر اس کے باوجود کمپنی نے سیاسی جماعتوں کو 7.19 ارب روپے سے زائد کا عطیہ دیا۔ اس میں سے 197 کروڑ روپے بی جے پی کو 50 لاکھ روپے جموں و کشمیر کی نیشنل کانفرنس کو اور 10 لاکھ روپے بہار کی راشٹریہ جنتا دل (آر جے ڈی) کو دیے۔ اسی طرح ڈی ایل ایف کمرشل ڈیولپرز لمیٹڈ نے مالی سال 2019-20 میں 20 کروڑ روپے کا عطیہ دیا حالانکہ اسی مدت میں 210 کروڑ روپے کا نقصان گوشوارہ میں دکھایا۔

گوشوار میں خسارہ دکھانے والی ان 16 فرموں کے علاوہ، کم از کم 31 فرموں نے اپنے تین سال کے اوسط منافع سے کہیں زیادہ چندہ دیا۔ کولکاتہ کی شراب تقسیم کرنے والی فرم کیسل لیکرز پرائیویٹ لمیٹڈ نے پچھلے تین سالوں میں بمشکل 6 لاکھ روپے کا منافع کمایا، مگر سیاسی جماعتوں کو 7.5 کروڑ روپے یعنی منافع سے 118 گنا زیادہ عطیہ دیے۔ کیونٹر فوڈ پارک انفرا پرائیویٹ لمیٹڈ نے مالی سال 2019-20 میں 195 کروڑ روپے کا عطیہ دیا، حالانکہ اس نے صرف 12.4 لاکھ روپے کا منافع کمایا تھا۔ اسی طرح ایک اور کمپنی مدن لال لمیٹڈ نے مالی سال 2020 میں 185.5 کروڑ روپے کا عطیہ دیا۔ مگر اس سال کمپنی کا منافع بس 18.5 کروڑ روپے تھا۔ پچھلے تین سالوں کی اوسط سے، کمپنی کو 5.2 کروڑ روپے کا نقصان ہو رہا تھا۔ ایسی سخاوت پر تو حاتم طائی بھی شرمندہ ہوگا کہ نقصان اٹھانے کے باوجود عطیات دیے۔ اکثر کمپنیوں نے عطیات حکمران بی جے پی کو دیے، چند ایک نے ایسی اپوزیشن پارٹیوں کو دیے، جو صوبوں میں برسر اقتدار تھے۔

کانگریس پارٹی کے جنرل سکرٹری اور ترجمان جے رام رمیش، جو خود بھی ماہر معاشیات ہیں، کا کہنا ہے کہ سپریم کورٹ کی ڈانٹ کے بعد اسٹیٹ بینک آف انڈیا نے جو اعداد و شمار جاری کیے ہیں، ان کے تجزیہ سے ایک اور بات کا پتہ چلتا ہے کہ جن کارپوریٹ گروپ نے عطیہ دیے ہیں اس کے فوراً بعد ہی ان کو سرکاری کاموں کے ٹھیکہ بھی ملے ہیں۔ مالی بدعنوانی میں ملوث ہونے کی پاداش میں چند کمپنیوں کے خلاف تفتیشی ایجنسیوں نے جب ریڈ کر کے جانچ کرنا شروع کی، تو انھوں نے بانڈ خرید کر حکمران پارٹی کو تھما دیے۔ اس کے بعد ان کے خلاف کیسز میں نرمی برتی گئی۔ رمیش کا کہنا ہے کہ 38 کارپوریٹ گروپوں نے 3.8 لاکھ ٹریلین روپے کے 179 سرکاری ٹھیکے اور پروجیکٹ الیکٹورل بانڈز عطیہ کرنے کے بعد حاصل کیے۔

مثال کے طور پر ٹنل بنانے والی ایک کمپنی آپکو انفرا کو 15 جنوری 2020 کو کشمیر میں ایک میگا ٹنل بنانے کا ٹھیکہ مل گیا، جس سے سرینگر سے سونہ مرگ اور لداخ جانے میں آسانی ہو جائے گی۔ اس کے دو دن بعد اس نے دس کروڑ روپے کے بانڈ خرید کر بی جے پی کے دفتر میں جمع کروا دیے۔ اگلے دس ماہ تک اس کمپنی نے تیس کروڑ روپے عطیہ کے طور پر دیے۔ اسی طرح تفتیشی ایجنسیوں نے تین سالوں میں جن 56 کمپنیوں پر مالی بدعنوانیوں میں ملوث ہونے کی وجہ سے ریڈ کی، انھوں نے 25 ارب روپے کے بانڈ خرید کر حکمران پارٹی کے دفتر میں جمع

کروائے۔ رمیش کے مطابق یہ ایک طرح کی ہفتہ وصولی ہے، یعنی دھمکی دے کر کمپنیوں سے عطیات وصول کیے گئے۔ عطیات دینے کے بعد ہی ان پر ریڈ کا سلسلہ بند ہوجاتا تھا۔ ان کے مطابق 16 فرضی کمپنیوں نے تقریبا 419 کروڑ روپیہ کا چندہ بی جے پی کو دیا ہے۔ یہ کمپنیاں کیا کام کرتی ہیں کس طرح کا کاروبار کرتی ہیں، کسی کو معلوم نہیں ہے۔

یہ کمپنیاں چاہے حکمران جماعت کو یا اپوزیشن کو رقوم دیتی ہوں، یہ ان کے لیے ایک طرح کی سرمایہ کاری ہے۔ یہ پیسہ کہیں سے وصول تو ہونا ہی ہے اور ظاہر سی بات ہے کہ عوام کی جیبوں سے اس کو برآمد ہونا ہے۔ یورپی ممالک نے انتخابی اصلاحات کے ذریعے سیاسی جماعتوں کی فنڈنگ کے ایشو کو کسی حد تک ایڈریس کیا ہے۔ مثال کے طور پر ڈنمارک، ترکیہ اور دیگر کئی ممالک میں انتخابی مہم چلانے کے لیے سیاسی پارٹیوں کو قومی خزانے سے رقم دی جاتی ہے۔ اس کا طریقہ کار یہ ہے کہ پچھلے الیکشن میں جو پارٹی قومی اور علاقائی سطح پر جتنے ووٹ حاصل کرتی ہے، اسی حساب سے اسے رقم دی جاتی ہے۔ مگر اس کے لیے پھر موجودہ برطانوی فرسٹ پاسٹ دی پوسٹ سسٹم کی جگہ متناسب نمائندگی پر مبنی جمہوری سسٹم لاگو کرنا پڑے گا۔ جن کارپوریٹ اداروں کو چندہ دینا ہے، ان کے لیے لازم ہونا چاہیے وہ یہ رقوم الیکشن کمیشن کے ذریعے قائم کردہ الیکٹورل ٹرسٹ میں جمع کروائیں اور پھر وہاں سے ووٹوں کے تناسب کے اعتبار سے پارٹیوں میں بانٹے جائیں۔

چند برس قبل ڈنمارک کی پارلیامنٹ کے اسپیکر نے مجھے بتایا کہ الیکشن میں انھوں نے اپنے حلقہ انتخاب پر 20000 ڈالر خرچ کیے تھے، لیکن انھیں اپنی جیب سے پھوٹی کوڑی بھی نہیں دینی پڑی کیونکہ یہ رقم پارٹی اور سرکاری فنڈ سے ملی تھی۔ یہی کچھ پچھلے سال ترکیہ کے انتخابات کے موقع پر امیدواروں نے بتایا، جو پارلیمان کے لیے قسمت آزمائی کر رہے تھے۔ ان ممالک میں انتخابی مہم بھی مختصر ہوتی ہے، اس وجہ سے بھی اخراجات کم ہوتے ہیں۔ انتظامی ڈھانچہ بھی ایسا ہے کہ لوگ اپنی روزمرہ کی ضرورتوں کے لیے سرکاری حکام پر بہت کم انحصار کرتے ہیں۔ غالباً اس سے بھی ان ممالک کو بدعنوانی کو کم کرنے میں مدد ملی ہے۔

اگر کارپوریٹ گھرانے سیاسی جماعتوں اور منتخب نمائندوں کو فنڈز دیتے ہیں، تو اس کے عوض وہ اگلے پانچ سال تک کیا لیتے ہیں، ایک بڑا سوال ہے؟ انتخابات کو سہل اور کم خرچ بنانا وقت کی اہم ضرورت ہے اور کورپشن کو جڑ سے اکھاڑنے کا یہ واحد طریقہ ہے۔ ہندوستان کے ایک سابق وزیر دفاع آنجہانی جارج فرنانڈیز کہتے تھے، جب انھوں نے 1967 میں ممبئی میں کانگریس کے ایک اہم لیڈر ایس کے پاٹل کو ہرا کر بھارتی سیاسی تاریخ کا ایک بڑا اپ سیٹ کیا، تو پوری مہم پر صرف دو ہزار روپے خرچ ہوئے تھے اور یہ روپے بھی ٹریڈ یونین اداروں نے عوامی چندہ سے حاصل کیے تھے۔

میرے آبائی قصبہ کشمیر کے سوپور ٹاؤن میں جب انتخابات کا موسم قریب آتا تھا، تو جماعت اسلامی کے امیدوار سید علی گیلانی انتخابی مہم شروع کرنے سے قبل چندہ اکٹھا کرنے کی مہم شروع کرتے تھے۔ ان کا

استدلال تھا کہ اگر کوئی چندہ دیتا ہے، تو ووٹ بھی دے گا اور وہ اس کے تئیں جوابدہ بھی رہیں گے۔ اسی طرح جموں و کشمیر کے ابھی تک کے طاقتور ترین وزیر اعلیٰ شیخ محمد عبداللہ سال یا دو سال میں ایک بار خود لال چوک، ہری سنگھ ہائی اسٹریٹ وغیرہ کا پیدل دورہ کر کے اپنی پارٹی کے لیے چندہ اکٹھا کرتے تھے۔

سپریم کورٹ کی مداخلت کے بعد تو یہ بھانڈہ پھوٹ گیا ہے کہ ہندوستان میں سیاسی پارٹیوں کو کون، کیسے اور کیوں چندہ دیتا ہے؟ مگر جموں و کشمیر میں سرگرم پارٹیوں کی فنڈنگ پر ہنوز سوالات ہیں۔ ان کا تام جھام وغیرہ کس کی مرہون منت ہے، ابھی تک پردۂ راز میں ہے۔ جمہوریت کا مقصد تو عام آدمی کو با اختیار بنانا اور اقتدار کی دیوی کو اس کی چوکھٹ تک لانا ہوتا ہے تاکہ وہ اپنے آپ کو سسٹم کا حصہ سمجھے اور حکمرانوں کو اپنا وکیل یا اپنی ذات کا قائم مقام تسلیم کرے۔ مگر جب یہ حکمران کارپوریٹ اداروں کے زیر سایہ اقتدار کے گلیاروں پر براجمان ہوں، تو کون عوام اور کیسا عوام۔ ووٹر کا مصرف تو بس ووٹنگ کے دن ہوتا ہے، اور وہ ووٹ بھی قیمت دے کر حاصل کیا جاتا ہے اور پھر اگلے پانچ سال اس کی چھاتی پر مونگ دل کر ان طاقتوں کو فائدہ پہنچانے کے سامان کرنے ہوتے ہیں، جنھوں نے اس امیدوار یا پارٹی پر سرمایہ کاری کی ہو۔

[بشکریہ 'دی وائر'، 27 مارچ 2024]

بندوق کے سائے میں آئین بدلنا صحیح ہے؟

انوراگ مودی

ڈیئر امت شاہ جی!

مجھے سمجھ نہیں آیا کہ مذہب کی اتنی دہائی دینے والی آپ کی حکومت نے امرناتھ یاترا کو باضابطہ طور پر شروع ہونے کے پہلے (اصول کے مطابق وہ 3 اگست کو چھڑی مبارک کے ساتھ شروع ہوتی ہے) کیوں ختم کر دیا؟ جو آج تک نہیں ہوا۔ اور ساتھ میں دو دیگر مذہبی یاتراؤں کو بیچ میں ہی ختم کر کے جموں و کشمیر میں آئین کی دفعہ 370 ختم کرنے کا فیصلہ اس تاناشاہی طریقے سے کیوں لے رہے ہیں؟

کیا بندوق کے سائے میں آئین بدلنے کا عمل صحیح ہے؟ کیا اس کو 15 اگست کے پہلے لانا ضروری تھا، اس لیے آپ نے کروڑوں لوگوں کے عقیدے اور جمہوریت کسی کا بھی دھیان نہیں رکھا؟ مجھے یہ بھی سمجھ نہیں آیا کہ رام کے نام کی دہائی دینے والی آپ کی حکومت 'رگھوکل ریت سدا چلی آئی، پران جائے پر وچن نہ جائے' کو کیسے بھول گئی۔ چاہے وہ جس بھی شکل میں ہو، لیکن ہم نے جموں و کشمیر کو ہندوستان کا حصہ بناتے وقت آئین کی دفعہ 370 کا وعدہ کیا تھا۔

خیر، اگر آپ یہ مانتے ہیں کہ ہمارے پاس مناسب اکثریت ہے اور ہم سب کچھ کر سکتے ہیں، تو پھر اس بارے میں کسی بھی آئینی اور قانونی بحث کا کوئی مطلب نہیں ہے۔ مگر اس تعلق سے راجیہ سبھا میں دیے گئے آپ کے جواب اور دلائل کو میں نے توجہ سے سنا، میں اس پر ضرور کچھ کہنا چاہوں گا۔ آپ کے مطابق آپ یہ بل وہاں کی عوام کے مفاد میں لا رہے ہیں اور اس کے ہٹنے سے وہاں ترقی کے نئے راستے کھلیں گے، جو آج تک اس دفعہ کی وجہ سے ممکن نہیں تھا۔

وہاں نوجوانوں کو روزگار کے مواقع ملنے کی بات بھی آپ نے کہی اور رائٹ ٹو ایجوکیشن سے لے کر

وزیر اعظم آیوشمان یوجنا کا فائدہ وہاں کی عوام کو ملے گا۔ آپ کے مطابق دفعہ 370 کی وجہ سے آج وہاں صحت کی صحیح سہولت نہیں ہے۔ اس دفعات کے ہٹنے پر وہاں پی پی ماڈل (نجی اور سرکاری تعاون سے) کے تحت صحت اور تعلیمی نظام قائم کرسکنے کی بات کہی۔

آپ نے دلتوں اور آدیواسیوں کو ان کا حق دینے میں آئی رکاوٹ اور وہاں موجود بدعنوانی کی بات بھی رکھی۔ آپ نے سب سے زیادہ زور نجی سرمایہ کاری پر دیا۔ آپ کی دلیلوں کو سننے کے بعد میں نے یہ سمجھنے کی کوشش کہ کیا واقعی جموں وکشمیر کے شہریوں کو دفعہ 370 کی وجہ سے یہ سب سہولت نہیں مل پا رہی ہے؟ اور کیا واقعی میں پچھلے 24 میں سے 22 سال تک آپ کی پارٹی کے ذریعے گجرات میں یہ سب سہولت وہاں کے شہریوں کو دستیاب ہے؟

جب میں نے اقوام متحدہ کے 1995 ہیومن ڈیولپمنٹ انڈیکس کو دیکھا، تو پایا کہ کیرل جہاں آج تک آپ کی حکومت نہیں رہی، وہ پہلے نمبر پر ہے، جموں وکشمیر اس معاملے میں 11 ویں پر، اور گجرات 15 ویں نمبر ہے۔ اتنا ہی نہیں، میں نے یہ بھی جاننے کی کوشش کی کہ ترقی کے گجرات ماڈل میں تعلیم کے کیا حالات ہیں۔ یہاں اسکول میں اور رائٹ ٹو ایجوکیشن کو لے کر وہاں کی حکومت کیا سوچتی ہے۔

آپ کی ہی مرکزی حکومت کے وزارت برائے ترقی انسانی وسائل کے ذریعے کیے گئے 'نیشنل اچیومینٹ سروے' جو جنوری 2018 میں جاری ہوا، کے بارے میں 7 مئی، 2018 کے انڈین ایکسپریس نے لکھا ہے؛ وہاں ابتدائی تعلیم کے حالات بدتر ہیں؛ لاکھوں بچے اپنی مادری زبان گجراتی میں ایک معمولی جملہ نہیں لکھ پائے۔ آپ نے کہا کہ جموں اور کشمیر میں کوئی کارپوریٹ اعلیٰ تعلیم میں سرمایہ کاری نہیں کرنا چاہتا، لیکن اعلیٰ تعلیم کے معاملے میں بھی گجرات پسماندہ ہی نکلا۔ یہاں 18 سے 23 سال کے صرف 20 فیصد لوگ ہی اعلیٰ تعلیم پاتے ہیں؛ یہ قومی اوسط سے بھی کم ہے۔

یہاں سرکاری اسکولوں کے حالات خراب ہونے کی وجہ سے نجی تعلیمی ادارے کی مانگ بڑھنے سے فیس میں بھی بھاری اضافہ کی بات کہی ہے۔ کیا آپ یہی ماڈل جموں وکشمیر کی عوام پر تھوپنا چاہتے ہیں؟ سب سے کمال کی بات تو یہ ہے، گجرات کی حکومت نے ابتدائی تعلیم کی گرتی سطح کے لیے حق تعلیم قانون کو قصوروار مانا۔ کانگریس کے ذریعے لائے گئے اس قانون کی وہاں کی حکومت آج بھی مخالفت کررہی ہے اور آپ اس کو جموں و کشمیر میں نافذ کرنے کی بات کررہے ہیں۔

رضاکار تنظیموں کے ذریعے جاری تعلیم کی صورت حال پر جاری سالانہ رپورٹ میں بھی تقریباً یہ بات کہی گئی ہے۔ اتنا ہی نہیں صحت کے بھی سارے معیارات میں گجرات، اس وقت آپ کی سب سے بڑی سیاسی حریف ممتا بنرجی کے مغربی بنگال سے بھی، ہر معاملے میں پیچھے ہے۔ جیسے وہ مکمل ٹیکا کاری کے معاملے میں پہلے نمبر پر ہیں، تو آپ 12 پر؛ دیہی ہیلتھ سینٹر میں پیدائش کے معاملے میں جہاں وہ 7 نمبر پر ہیں، تو آپ 14 ویں پائیدان پر ہیں۔

یہاں کے 40 فیصد بچے stunted growth کا شکار ہیں۔ گجرات میں بچوں میں غذائی قلت کے حالات یہ ہیں کہ یہ پانچ سال سے کم کے بچوں کا بچپن برباد ہونے کے معاملے میں 34ویں نمبر پر ہے؛ جو 2005-06 میں 18.7 فیصد تھا، 2015-16 میں بڑھ کر 26.4 فیصد ہو گیا۔ ساتھ ہی گجرات میں تپ دق کے مریض سب سے زیادہ ہیں؛ اتر پردیش کے علاوہ یہی واحد ریاست ہے، جہاں پچھلی ایک دہائی میں ان کے معاملے بڑھے ہیں۔ یہاں کے ہسپتالوں کے حالات کے بارے میں آپ نے سی اے جی کے ذریعے 2016 میں جاری رپورٹ تو دیکھی ہی ہوگی۔

جہاں تک روزگار دینے کی بات ہے، وہ بات امت شاہ جی آپ نہ ہی کریں تو بہتر ہے کیونکہ نیشنل سیمپل سروے کی حالیہ رپورٹ میں بے روزگاری کی حالت 45 فیصد کے سب سے بری سطح پر ہے۔ آپ نے بد عنوانی کی بات کی، اس میں دفعہ 370 کا کیا لینا دینا، یہ تو ہمارے نظام کی کمزوری ہے۔ اس سے کوئی ریاست، رہنما اور پارٹی اچھوتی نہیں ہے۔ گجرات کے معاملے میں سی اے جی کی کئی رپورٹ ہیں۔ آپ کے بیٹے جئے شاہ پر بھی اس معاملے میں سوال اٹھے ہیں۔

اتنا ہی نہیں، ان معاملوں میں ملک بھر میں 71 فیصد ملزم کے سزا سے بچ جانے کے ملک کا ریکارڈ بھی گجرات کو ہی حاصل ہے۔ اور جہاں تک دلتوں، آدیواسیوں کے حق کی بات ہے، ان کے ساتھ باقی ہندوستان میں کیا ہو رہا ہے، اور خاص طور پر پچھلے 5 سالوں میں یہ کسی سے چھپا نہیں ہے۔ اتنا ہی نہیں کسانوں کی خودکشی کے معاملے بڑھے ہیں۔

گجرات ماڈل میں کارپوریٹ کی لوٹ بڑھی ہے اور اس کی مار غریبوں پر پڑی ہے۔ اس کا کوئی بھی فائدہ وہاں کی عوام کو نہیں ملا ہے۔ سب سے بڑی بات، وہی اس ریاست کے ماحول اور خوبصورتی کو بچائے رکھنے کے لیے ضروری ہے کہ یہاں کمپنیوں کو کھلی چھوٹ دے کر دیگر آدیواسی علاقوں کی طرح اس کو بھی برباد نہ کیا جائے۔

یہ جگہ ماحولیاتی تبدیلی کے لیے بہت ہی اہم ہے اور اس کو لے کر وہاں کی سول سوسائٹی لگاتار کوشش بھی کر رہی ہیں کہ کیسے یہ مدعا نمایاں طور پر سامنے آئے۔ آپ ترقی کے چاہے جتنے وعدے کر لیں، لیکن جب آئین کی کسی دفعہ کا کوئی رکاوٹ نہیں ہونے کے باوجود آپ اپنی پارٹی کے پچھلے 24 میں سے 22 سال کی حکومت میں گجرات کی عوام کو کچھ بھی نہیں دے پائے تو سبز باغ دکھا کر آپ کس کو سمجھنا چاہتے ہیں؟

اصل میں آپ باقی ہندوستان کے عوام کے اصلی مدعوں سے دھیان بھٹکانے کے لیے یہ کھیل کھیل رہے ہیں۔

میری گزارش ہے آپ یہ کھیل بند کریں۔

[بشکریہ 'دی وائر'، 8 اگست 2019]

کسانوں کا احتجاج اور رتی بھر جمہوریت

شکیل رشید

ہر مودی بھکت کا یہ ماننا ہے کہ وزیراعظم نریندر مودی ملک کو ترقی کی چوٹی پر لے جانے کے لیے انقلابی اصلاحات کے لیے کوشاں ہیں لیکن یہ جو بھارت کے لوگوں کو 'بہت زیادہ جمہوریت' حاصل ہے، وہ اصلاحات کی ساری کوششوں پر پانی پھیر دیتی ہے۔ اب یہی دیکھ لیں کہ بھاجپائیوں کے بقول مودی سرکار نے کسانوں کی ترقی کے لیے ایک دو نہیں پورے تین ایسے قانون بنائے تھے کہ کسان سیدھے اڈانی اور امبانی کے ساتھ کندھے سے کندھا ملا کر کھڑے ہو جاتے، لیکن بجائے مودی جی کا شکریہ ادا کرنے کے کسانوں نے دہلی گھیر لی تھی اور ان قوانین کی واپسی کے مطالبہ پر بضد تھے۔ نتیجتاً مودی جی کو مجبور ہو کر ان قوانین کو واپس لینا پڑا، اس کے باوجود کسان باز نہیں آ رہے ہیں، اور پھر سے دہلی گھیرنے کے لیے نکل پڑے ہیں۔ چونکہ مودی حکومت کی نظر میں کسان دوشی ہیں، اس لیے انھیں دہلی میں داخل ہونے سے روکنے کے لیے ایسی سیکورٹی کی گئی ہے جیسے کہ دہشت گردوں یا دشمنوں کے دستوں کو روکنے کے لیے کی جاتی ہے۔ کسانوں پر آنسو گیس کے گولے داغے جا رہے ہیں، لاٹھیوں سے پیٹا جا رہا ہے، اور انھیں یہ جتا دیا گیا ہے کہ اگر انھوں نے دہلی میں داخل ہونے کی ضد نہیں چھوڑی تو ان کے ساتھ مزید سختی کی جائے گی۔ واضح رہے کہ تین سال قبل، مودی حکومت کے تین زرعی قوانین کے خلاف، جنھیں کسانوں نے 'سیاہ قوانین' کا نام دیا تھا، کسانوں کے ملک گیر احتجاج نے غیر معمولی طوالت اختیار کر لی تھی، اور ایک سال تک احتجاج چلتا رہا تھا۔ بعد ازاں حکومت نے کسانوں کے سامنے سرنڈر کر دیا تھا، اور ان کے مطالبات مان کر تینوں زرعی اصلاحات کے قوانین واپس لے لیے تھے۔ اب کی بار کسانوں کا احتجاج فصلوں کی اچھی قیمت دینے کے لیے ہے۔ کسانوں کا مطالبہ ہے کہ حکومت فصلوں کی قیمتوں کا کم از کم تعین کرے تاکہ مارکیٹ میں انھیں سوداگروں کے استحصال سے نجات مل سکے۔ اور یہ مطالبہ قطعی ناجائز نہیں ہے، کسان رات دن محنت کر کے جو فصلیں اُگاتے ہیں، ان کی اچھی قیمت پانا ان کا حق ہے، لیکن یہ حق انھیں نہیں مل رہا ہے۔ حکومت پر الزام ہے کہ

وہ اڈانی اور امبانی جیسے صنعت کاروں کے مفادات کا تو خیال رکھتی ہے، لیکن کسانوں کے مفادات کا کوئی خیال نہیں رکھتی، بلکہ دھنّا سیٹھوں کے مفادات پر کسانوں کے مفادات کو قربان کر دیتی ہے۔ کسان گزشتہ چار برسوں کے دوران سخت مشکلات میں رہے ہیں، انھوں نے زرعی قوانین کو جب اپنے مفادات کے خلاف پایا تو اس کے خلاف احتجاج کیا، مظاہرے کیے، اور تقریباً سات سو کسان ان مظاہروں میں اپنی جان گنوا بیٹھے۔ یہ ایک بڑی قربانی تھی۔ ان کسانوں کو 'ملک دشمن' قرار دیا گیا، دہشت گرد کہا گیا۔ انھیں 'سکھ آتنک وادی' کہا گیا۔ حکومت نے لوک سبھا الیکشن کے مدنظر زرعی قوانین واپس تو لے لیے، لیکن کسانوں کے مسائل جوں کے توں پڑے ہوئے ہیں، بالخصوص فصلوں کی اچھی قیمت کا مسئلہ۔ مودی حکومت کیوں کسانوں کے مطالبے پر کان نہیں دھر رہی ہے؟ اس سوال کا جواب شاید یہ ہو کہ زرعی قوانین کا واپس لینا مودی حکومت کے لیے ایک شرم ناک بات تھی، اور اب کسانوں سے اس کا بدلہ لیا جا رہا ہے۔ مودی حکومت چاہتی ہے کہ کسان بھی، صنعت کاروں کی طرح، اس کے اشارے پر ناچیں، اور حکومت جس طرح بھی چاہے کسانوں کا استحصال کرنے والوں کو سہولت دے، کسان چوں نہ کریں۔ یوں بھی کہا جا سکتا ہے کہ 'جمہوری حقوق' کی باتیں کرنا کسان چھوڑ دیں۔ ویسے بھی مودی بھگت کی نظر میں اصلاحات کی راہ سے اڑچنوں کو دور کرنے کا ایک ہی علاج ہے، عوام سے یہ 'بہت زیادہ جمہوریت' چھین لینا۔ یاد رہے کسان ملک کی راجدھانی دہلی میں گھسنے کے لیے اسے گھیرے ہوئے کھڑے ہیں اور جمہوریت زندہ باد کے نعروں سے سوئے ہوؤں کو بھی جگا رہے ہیں، اور جو سونے کی کوشش میں ہیں انھیں سونے نہیں دے رہے ہیں۔ ملک کو کسانوں کا شکر گزار ہونا چاہیے کہ انھوں نے آواز بلند کر کے جمہوریت کی لاج رکھ لی ہے، ورنہ گزرے ہوئے برسوں میں مودی سرکار نے عوام اور جمہوریت مخالف جتنے بھی قوانین بنائے تھے، ان پر تقریباً سب ہی اپنے لب سیے ہوئے تھے۔ خاموشی کا انجام سامنے ہے۔ ملک کے آئینی اداروں پر سرکار کا شکنجہ کس گیا ہے۔ وہ جو مودی سرکار کی پالیسیوں پر نکتہ چینی اور تنقید کرتے ہیں، ملک کے دشمن بنا دیے گئے ہیں۔ یہ طے ہونا چاہیے کہ اناج کی قیمت کم از کم کیا ہو؟ اور یہ بات بھی صاف کر دی جائے کہ جو قیمت طے ہو، کیا اس سے کسان اناج کے دام مناسب پائیں گے یا نہیں؟ حکومت کو کسانوں کے اس مطالبے پر غور کرنا ہی چاہیے، لیکن افسوس کہ وہ اس مطالبے کو سننے کے لیے تیار نہیں ہے۔ حکومت چاہتی ہے کہ کسانوں کو سمجھا بجھا کر چلتا کر دیا جائے، پر یہ ہو نہیں پا رہا ہے۔ کسان اس بار پیچھے ہٹنے کو تیار نہیں ہیں۔ اگر کسان کامیاب ہو گئے تو سمجھ لیں کہ بھارت میں جمہوریت محفوظ بھی ہو جائے گی اور مضبوط بھی۔ لیکن اگر کسان ناکام رہے، تو یہ جو رتی بھر جمہوریت بچی ہے، وہ بھی نہیں بچ پائے گی۔

[بشکریہ 'ممبئی اردو نیوز'، ممبئی، 24 فروری 2024]

میڈیا کا خاکہ

اروند داس

ترجمہ: خان حسنین عاقب

صحافی اروند داس ہندی کے مصنف ہیں جو میڈیا کو درپیش سروکاروں کو سمجھتے بھی ہیں اور ان کے بارے میں لکھتے بھی ہیں۔ اس موضوع پر ان کی نئی کتاب 'میڈیا کا خاکہ' انو گیا بکس سے شائع ہوئی ہے۔ یہ کہنے کی ضرورت باقی نہیں رہ گئی ہے کہ سرمایہ، میڈیا اور طاقت کا گٹھ جوڑ جمہوریت کے لیے کتنا خطرناک ہوسکتا ہے۔ ڈیجیٹل میڈیا کی آمد کے ساتھ ہی اس کے منفی اثرات واضح ہو کر اپنی انتہا کو پہنچ چکے ہیں۔ عوام کے سامنے جوابدہی اور سچ کے لیے خود کو وقف کرنے جیسے صحافتی اقدار کو فراموش کر دیا گیا ہے۔ آج میڈیا ان لوگوں کے لیے ایک سیڑھی بن گیا ہے جو اقتدار کے توسط سے اپنے مفادات کے حصول کی صلاحیت رکھتے ہیں۔ اس کتاب کے دیباچے کے ترمیم شدہ اقتباسات یہاں شائع کیے جا رہے ہیں۔

زبان کی ترقی کے ساتھ ساتھ ٹیکنالوجی اور ابلاغ کے ذرائع بھی ترقی کر رہے ہیں۔ نوآبادیاتی دور میں ہرکارے، ڈاک، بھاٹ، رسالے وغیرہ خبروں اور اطلاعات کی ترسیل کا ذریعہ ہوا کرتے تھے۔ پھر اخبارات کی دنیا سے آگے بڑھتے ہوئے ہمارا معاشرہ ریڈیو اور ٹیلی ویژن جیسے ذرائع ابلاغ و مواصلات تک پہنچ گیا۔ اس وقت، گلوبلائزیشن کے ساتھ آنے والی نئی ٹیکنالوجی کی مدد سے، ہم ایک بڑے معلوماتی و اطلاعاتی معاشرے کا حصہ بن چکے ہیں۔ انفارمیشن اینڈ ٹیکنالوجی ہماری زندگی کا لازمی حصہ بن چکے ہیں۔ پچھلے پچیس سالوں میں انٹرنیٹ اور موبائل نیٹ ورکس کے ذریعے پھیلنے والا سوشل میڈیا ہمارے ابلاغ عامہ اور مواصلات کے کلچر کا ایک اہم حصہ بن چکا ہے۔ اخبارات، ریڈیو، ٹیلی ویژن جیسے ذرائع ابلاغ کے مقابلے میں فیس بک، ٹوئٹر، انسٹا گرام،

وہاٹس ایپ وغیرہ کی پہنچ جس رفتار سے بڑھی ہے اسے غیر متوقع ہی کہا جا سکتا ہے۔

اکیسویں صدی کی دوسری دہائی پوری دنیا کے ذرائع ابلاغ و مواصلات کے لیے امکانات اور چیلنجوں سے بھری ہوئی ہے۔ حالیہ برسوں میں مغربی ممالک میں خاص طور پر امریکی سول سوسائٹی اور علمی دنیا میں اس تعلق سے بہت زیادہ تشویش پائی جاتی ہے کہ ڈیجیٹل میڈیا کمپنیاں جمہوریت کے لیے خطرہ ہیں۔(1)

ان خدشات کے پیش نظر ڈیجیٹل میڈیا کے کنٹرول اور ریگولیشن کے حوالے سے حکومت ہند بھی نہایت مستعد دکھائی دے رہی ہے۔ حالانکہ اس کے انضباط اور ریگولیشن کو لے کر مبصرین میں اختلاف رائے پایا جاتا ہے۔ درحقیقت یہ مخمصہ ہندوستانی عوام میں نہ صرف سوشل میڈیا بلکہ مین اسٹریم میڈیا کے حوالے سے بھی نظر آتا ہے۔

موجودہ سرمایہ دارانہ معاشرے میں 'نیٹ ورک' ہی رابطوں اور رشتوں کی جڑوں میں ہے۔ یہی عنصر عالمگیریت کے تصور کی جڑوں میں بھی موجود ہے۔ نیٹ ورکس، مثلاً انٹرنیٹ کے سہارے عالمگیریت کی زبان اور ثقافت بازاروں کے توسط سے پھیلتی ہے۔ اس عالمگیر یا بین الاقوامی بازار میں انگریزی کا ہی دبدبہ رہا ہے لیکن ماہرین سماجیات اور عالمگیریت کے اسکالرز کا ماننا ہے کہ عالمگیریت کی اس ثقافت کو مقامی ثقافتوں کی جانب سے مزاحمت کا سامنا کرنا پڑتا ہے۔

مقامی ثقافت اور عالمی ثقافت کے درمیان لین دین اور آمد و رفت جاری رہتی ہے اس لیے اسے Glocalization بھی کہا گیا ہے۔

ہندوستان میں معاشی لبرلائزیشن اور پرائیویٹائزیشن (1991) کے بعد ابھرنے والی جدید سرمایہ داری اور میڈیا کے درمیان پنپنے والے تعلقات کافی دلچسپی کے حامل ہیں۔ پچھلی تین دہائیوں میں مختلف زبانوں کے میڈیا کی توسیع اور ابلاغ، خصوصی طور پر ہندی اخبارات، ٹی وی چینلز اور آن لائن ڈیجیٹل میڈیا کی رسائی شہری مراکز سے پرے قصبوں، گاؤں، دور دراز کے علاقوں تک نیٹ ورک کی توسیع تحقیق کا موضوع ہے جس پر بہت کم توجہ دی گئی ہے۔ سچ تو یہ ہے کہ معاصر میڈیا کی غیر معمولی توسیع اور رسائی کے باوجود، ہندوستانی علمی (اکیڈمک) دنیا، خاص طور پر ہندی میں، میڈیا کے مباحث کے مرکز میں نہیں ہے۔ اخبارات، فیس بک، ٹویٹر وغیرہ کے پلیٹ فارموں سے جو کچھ بھی تنقید سامنے آتی ہے، وہ ناکافی ہے۔(2)

پروفیسر شوشانا زوباف نے اپنی مشہور کتاب 'دی ایج آف سرویلنس کیپٹلزم' میں نوٹ کیا ہے کہ کس طرح منافع کے لیے تکنیکی کمپنیاں ہماری زندگی کو اپنے کنٹرول میں لے رہی ہیں۔ خواہی نخواہی، ہم ان کمپنیوں سے اپنی ان معلومات کو ساجھا کر رہے ہیں جو بے حد نجی نوعیت کی ہیں۔ ہماری یہ معلومات ان کمپنیوں کے لیے محض 'ڈاٹا' ہیں جس کی ٹوہ میں اشتہاری کمپنیاں لگی رہتی ہیں۔ زوباف لکھتی ہیں کہ اس سرویلنس کیپٹلزم میں ہم ایک ایسے سماج کی طرف پیش قدمی کرتے ہیں جہاں سرمایہ داریت مشمولی معیشت یا سیاسی اداروں کے حصول کا ایک ذریعہ نہیں رہ جاتی۔ ایک نہایت غیر جمہوری سماجی طاقت کے روپ میں اس پر ہمیں غور کرنا ہوگا۔(3)

سال 2020 میں Netflix پر ریلیز ہونے والی دستاویزی فلم 'The Social Dilemma' کا تعلق انھی سوالات سے ہے۔ اس میں سوشل میڈیا کے مضر اثرات پر بحث کی گئی ہے۔ جیف اورلووسکی کی ہدایت کاری میں بننے والی اس دستاویزی فلم میں ایک موقع پر کہا گیا ہے، ''اگر ہم کسی پروڈکٹ کے لیے ادائیگی نہیں کرتے ہیں، تو ہم خود ایک پروڈکٹ ہیں۔''

سرمایہ داری کی اس نئی شکل میں رازداری ایک بے معنی چیز بن کر رہ جاتی ہے۔

'خفیہ سرمایہ داری' کے تناظر میں یہ دستاویزی فلم دکھاتی ہے کہ سوشل میڈیا ہمارے رویے کو کس طرح متاثر کر رہا ہے اور خاندان کے افراد کے باہمی تعلقات، نوجوانوں کے احساسات و جذبات اور عشق و محبت کے رشتے کس طرح متاثر ہونے لگے ہیں۔ کسی بھی نشے کے عادی کی طرح ہم خود پر قابو نہیں رکھ پاتے۔ تاہم دستاویزی فلم میں گوگل، یوٹیوب اور سوشل میڈیا سے وابستہ اعلیٰ حکام کا کہنا ہے کہ اس کا ''ڈیزائن ایسا ہے کہ آپ چاہ کر بھی اس سے دور نہیں رہ سکتے۔'' مرزا غالب کے الفاظ میں، 'اسی کو دیکھ کر جیتے ہیں جس کافر پہ دم نکلے'۔

سوشل میڈیا عام شہریوں کو ایک دوسرے سے جوڑنے میں اہم کردار ادا کرتا ہے۔ ایک طرف تو یہ حکومت کے ساتھ مکالمے کا اہم ذریعہ بن کر ابھرا ہے تو دوسری طرف حکومت کے خلاف مزاحمت میں اسے ایک طاقتور ہتھیار کے طور پر استعمال کیا جا رہا ہے۔ حکومت بھی اسے عوامی مزاحمت کو کچلنے کے لیے استعمال کرنے سے دریغ نہیں کرتی۔ بلاشبہ روایتی میڈیا کے برعکس سوشل میڈیا نے عوامی دنیا میں بحث و مباحثے کو رفتار عطا کی ہے اور نیٹ ورکنگ کے ذریعے ایک نئے جمہوری معاشرے کا خواب بھی بُنا ہے۔ لیکن سچ یہ بھی ہے سوشل میڈیا کے راستوں سے گزر کر 'فیک نیوز' کی تکنیک کو فروغ حاصل ہوتا ہے۔ اسی عرصے میں پروپگنڈا اور منفی تشہیر کی ایسی تکنیک تیار ہو گئی ہے جس کی زد میں ڈیجیٹل میڈیا کے ساتھ ساتھ روایتی میڈیا۔ اخبار اور ٹیلی ویژن بھی آ گیا ہے۔ اس کتاب میں ہندی میڈیا کے حوالے سے ان موضوعات کی جانچ پڑتال کی گئی ہے۔

(2)

مورخ رنجیت گوہا نے ایک تحقیق میں درج کیا ہے کہ سامراجی حکومت کے دوران کسانوں اور سپاہیوں کی بغاوت کو برسر اقتدار حکومت سرکاری دستاویزات میں 'مہاماری' یعنی وبا کی شکل میں دکھا رہی تھی۔ یہاں وبا طاقت کے نقطۂ نظر سے ایک مختلف معنی رکھتی ہے، جس میں کسانوں کے اجتماعی اداروں کی نفی کی جاتی ہے۔ وہ لکھتے ہیں کہ ان بغاوتوں کو پھیلانے میں افواہوں نے بڑا کردار ادا کیا۔ (4)

اس وقت ہمارے معاشرے میں تعلیم کا فروغ بہت کم تھا اور خبروں کے پھیلاؤ کی رفتار بہت سست تھی۔ موجودہ دور میں انٹرنیٹ کے ذریعے معلومات پلک جھپکتے ہی میلوں کا سفر طے کر لیتی ہیں۔ ظاہر ہے کہ خبروں کی شکل میں من گھڑت باتیں، پروپیگنڈا، افواہیں وغیرہ پہلے بھی معاشرے میں پھیلتی تھیں۔ لیکن ان میں اور آج

میں ایک لطیف فرق ہے، جسے آج ہم جعلی خبریں سمجھتے ہیں۔

جہاں درست معلومات عام لوگوں کی پریشانیوں کو کم کرتی ہیں، وہیں انٹرنیٹ اور سوشل میڈیا کے ذریعے پھیلائی جانے والی غلط معلومات لوگوں کی مشکلات میں اضافہ کرتی ہیں۔ جہاں کورونا کی وبا سے بچاؤ کے لیے ماہرین کی ٹیم کے ذریعے درست معلومات لوگوں تک پہنچتی رہیں، وہیں معلومات کی دنیا بے بنیاد اور غیر سائنسی ٹوٹکوں سے بھی بھری پڑی ہے۔ وبا کے دوران پھیلنے والے اس قسم کے پروپیگنڈے کو 'انفوڈیمک' کہا جا رہا ہے۔ اس لفظ کو ابھی تک لغت میں جگہ نہیں ملی۔ لغوی معنوں میں اسے 'معلومات کی وبا' کہا جا سکتا ہے یعنی معلومات کی ایسی زیادتی جو پروپیگنڈے اور افواہوں کی شکل اختیار کر لیتی ہے۔ یہ وبا سے لڑنے اور اس کا مناسب حل تلاش کرنے میں رکاوٹ بن جاتی ہے۔ اس سے لوگوں میں خوف بھی پھیلتا ہے۔ انسانی خوف اور عدم تحفظ کے احساس کے درمیان، درست معلومات یکجہتی کو برقرار رکھتی ہیں، جو کسی بھی وبائی مرض سے لڑنے کے لیے انتہائی ضروری ہوتی ہے۔

کورونا وبا کے دوران 'لاک ڈاؤن' کے درمیان، غلط معلومات اور 'جعلی خبروں' کی وجہ سے، میڈیا کے کچھ مخصوص شعبوں اور حصوں کے ذریعے اس وبائی مرض کو سماجی ہم آہنگی کے بجائے فرقہ وارانہ رنگ دینے کی کوششیں کی گئیں۔ دہلی کے نظام الدین علاقے میں تبلیغی جماعت کے ایک اجلاس کی ٹیلی ویژن نیوز چینلز کے ذریعے فرقہ وارانہ رپورٹنگ اس کی ایک مثال ہے۔ دراصل 2014 میں مرکز میں بھارتیہ جنتا پارٹی کی حکومت بننے کے بعد سماج میں قوم پرستی کے نام پر نفرت اور بغض و کینہ پروری کا پرچار میں بے حد اضافہ ہوا ہے۔ اس میں ہندی نیوز چینلوں کا کردار قابل ذکر ہے۔ فرقہ واریت اور 'نیوز روم نیشنلزم' کے درمیان کیا تعلق ہے؟ بھارتی میڈیا کے تناظر میں اس کی خاصیت کیا ہے؟

گزشتہ چند سالوں میں، عوامی دنیا میں جمہوری طریقے سے بحث و مباحثے کی گنجائشیں سکڑ کر رہ گئی ہیں۔ یہ بات نہ صرف سیاست بلکہ میڈیا کے تناظر میں بھی بالکل برمحل اور برجستہ ہے۔ ماہرین اقتصادیات ابھیجیت بنرجی اور ایستھر ڈوفلو نے اپنی کتاب 'گڈ اکنامکس فار ہارڈ ٹائمز' میں درج کیا ہے کہ سوشل میڈیا نے جمہوریت پر کس طرح منفی اثرات مرتب کیے ہیں۔ وہ لکھتے ہیں: ''انٹرنیٹ کی توسیع اور سوشل میڈیا کے دھماکے نے متعصّبانہ رویوں میں اضافہ کیا ہے۔'' (5)

اس تناظر میں وہ جعلی خبروں اور سوشل میڈیا میں استعمال ہونے والی زبان پر بھی روشنی ڈالتے ہیں جس سے 'شہری ڈسکورس' کا بحث و مباحثہ بھی متاثر ہوا ہے۔ تاہم، کسی بھی ٹیکنالوجی کا انحصار صارفین پر ہوتا ہے۔ پروپیگنڈہ پھیلانے کی ذمہ داری بھی ان لوگوں پر عائد ہوتی ہے جو مواصلات کے لیے ٹیکنالوجی کا استعمال کر رہے ہیں۔ سوشل میڈیا جیسے میڈیم کو 'انفوڈیمک' کا ذمہ دار ٹھہرایا جا رہا ہے لیکن کورونا کی وبا کے دوران میڈیائی کاروبار کے لیے نئی انفارمیشن ٹیکنالوجی اور سوشل میڈیا فائدہ مند ثابت ہوئے۔ اخبارات اور ٹیلی ویژن جیسے روایتی ذرائع

ابلاغ سے وابستہ صحافی خبریں جمع کرنے اور نشر کرنے کے لیے انٹرنیٹ پلیٹ فارم کا استعمال کر رہے ہیں، جو کسی حد تک غلط معلومات اور پروپیگنڈا کو روکنے میں معاون رہے۔

(3)

جدید ہندی ادب میں ابتدائی دنوں سے ہی کسانوں اور مزدوروں کی زندگی سے جدوجہد کرتی ہوئی شبیہ نظر آتی رہی ہے۔ پریم چند، نرالا اور ناگارجن کا تخلیق کردہ ادب اس کی مثالیں ہیں۔لیکن کئی بار ادب اتنا توانا اور کافی نہیں ہوتا کہ وہ عصری حالات و واقعات کو حساس انداز میں پیش کر سکے۔ میڈیا ان کہانیوں کو سنانے کے لیے انتہائی معقول جگہ ہے۔میڈیا نہ صرف ہمارا وقت ریکارڈ کر رہا ہے بلکہ یہ تاریخی ثبوت کے طور پر بھی ہمارے سامنے آتا ہے۔

کچھ مناظر ایسے ہوتے ہیں جو قوم کے اجتماعی شعور میں مدتوں نقش رہتے ہیں۔ ملک کی تقسیم، مہاتما گاندھی کا قتل، بھوپال گیس سانحہ جیسے واقعات اسی زمرے میں آتے ہیں۔کورونا کی وبا کے دوران میٹروپولیٹن شہروں میں رہنے والے تارکین وطن مزدوروں کے دل دہلا دینے والے مناظر کا کسی نے تصور بھی نہیں کیا تھا۔ روزی روٹی اور سر چھپانے کی جگہ سے محروم ہو جانے کے بعد دنیا نے انھیں سروں پر گٹھری اور گود میں بچوں کو لیے سڑکوں پر بھوکے پیاسے پیدل چلتے دیکھا۔مزدوروں یا کاریگروں کی تصویریں جو ٹرکوں میں لدے اور سائیکلوں اور آٹوز پر ہزاروں میل کا فاصلہ طے کر کے دہلی، ممبئی، سورت وغیرہ سے بہار، اتر پردیش، اڑیسہ، تلنگانہ میں واقع اپنے گاؤں تک پہنچنے کے لیے بے تاب ہیں، آنے والے وقتوں میں ہمیں بے چین کرتی رہیں گی۔لیکن کیا یہ سچ نہیں ہے کہ شہری سماج کے حاشیے پر رہنے والے یہ مزدور اور کاریگر ہمارے درمیان رہنے کے باوجود میڈیا کی نظروں سے اوجھل رہتے ہیں؟ کاروباری میڈیا میں محروموں اور مظلوموں کے لیے جگہ مسلسل کم ہوتی جا رہی ہے۔ بے آوازوں کی آواز بننے کے بجائے طاقت اور برسر اقتدار جماعتوں کا بھونپو بننا میڈیا کے لیے سود مند ہے لیکن اس کے ساتھ ساتھ میڈیا کی اپنی ساکھ اور اعتباریت کا بحران بھی جنم لیتا ہے۔

دراصل آوارہ سرمائے کے دور میں کاروباری میڈیا کا سارا زور حزب اقتدار کے ساتھ ملی بھگت اور سانٹھ گانٹھ کرنے کے رجحان میں زبردست اضافہ ہوا ہے۔

اس کی عملی مثال پرنٹ اور ٹیلی ویژن چینلز کی 'خصوصی تقریبات' یعنی اسپیشل ایونٹ ہیں، جہاں مالکان اور ایڈیٹرز 'اقتدار' کی گدی پر قابض ارباب مجاز کے ساتھ اسٹیج پر نظر آتے ہیں۔ یہ امر بھی تحقیق طلب ہے کہ ان اسپانسرڈ پروگراموں سے اخبارات اور نیوز چینلز کا مواد اور ایجنڈا کس طرح متاثر ہوتا ہے۔میڈیا کے حوالے سے موجودہ حکومت کے رویے کے تناظر میں اس کا جائزہ لیا جائے تو چیزیں بالکل واضح ہو جاتی ہیں۔ اخبارات میں شائع ہونے والی ایسی بہت سی خبریں یا کہانیاں جو حکومت اور حکمران جماعت کے لیے تکلیف دہ ہوتی ہیں، قارئین

کو بتائے بغیر آن لائن سے ہٹالی جاتی ہیں۔ حکومت کے دباؤ پر مالکان نے اپنے صحافیوں اور ایڈیٹرز کو بھی فارغ کر دیا ہے۔ مثال کے طور پر سال 2017 میں 'ہندوستان ٹائمز' سمٹ' سے پہلے اخبار کے ایڈیٹر بابی گھوش کو سبکدوش ہونا پڑا۔ ان کے جانے کے بعد انھی کی پہل پر شروع کیا گیا 'ہیٹ ٹریکر سائٹ' کو بھی اخبار نے ہٹا لیا تھا۔(6)

میڈیا کی آزادی جمہوری معاشرے کی بقا کے لیے لازمی شرط ہے۔ وزیر اعظم نریندر مودی نے ایک انٹرویو کے دوران کہا تھا، 'میڈیا اپنا کام کرتا ہے، وہ کرتا رہے۔ اور میری واضح رائے ہے کہ حکومتوں اور ان کے کام کاج کا سخت ترین تجزیہ اور تنقید ہونی چاہیے ورنہ جمہوریت چل ہی نہیں سکتی۔'' (7)

تاہم، وہ صرف ان صحافیوں کو انٹرویو دینے کو ترجیح دیتے ہیں جو ان کی 'من کی بات' سنتے ہیں اور ان سے پریشان کن سوالات یا 'کراس سوال' نہیں کرتے۔ وزیر اعظم بننے کے بعد پچھلے چھ سالوں میں انھوں نے ایک بار بھی 'پریس کانفرنس' نہیں کی۔ وہ سوشل میڈیا بالخصوص ٹویٹر پر زیادہ متحرک ہیں۔ وزیر اعظم مودی اور ان کے وزرا ان ٹیلی ویژن اینکرز کے پروگراموں کا بائیکاٹ کرتے ہیں جو حکومت پر تنقید کرتے ہیں۔ سینئر ٹیلی ویژن صحافی اور اینکر کرن تھاپر کے حالات حاضرہ سے متعلق پروگراموں اور انٹرویوز میں مودی حکومت کے ترجمان اور وزرا نے آنا بند کر دیا ہے۔ ایسے دوسرے اور بھی اینکرز اور صحافی ہیں جن سے حکومت نے واضح فاصلہ بنائے رکھا ہے۔ جمہوریت میں یہ ایک نئی قسم کی چھوت چھات ہے۔ ایک لحاظ سے دیکھا جائے تو یہ حزبِ اقتدار کی جانب سے میڈیا کو پھانسنے کی کاروائی ہے۔ بھارتیہ جنتا پارٹی کے ترجمان نے سینئر صحافی کرن تھاپر کو یہ بات واضح طور پر بتائی تھی کہ ''پارٹی کو آپ کے سوالات پسند نہیں ہیں اور اسے آپ کے رویے پر بھی اعتراض ہے۔'' (8) بحیثیت صحافی، میں اس کا گواہ ہوں۔

آزاد ہندوستان میں میڈیا کو سماج اور عام لوگوں سے قانونی حیثیت حاصل ہوتی رہی ہے۔ ملک کے پہلے وزیر اعظم جواہر لال نہرو کے دور میں میڈیا قوم کی تعمیر کے عمل میں اپنا کردار ادا کر رہا تھا۔ جدید ہندوستان کی تشکیل میں میڈیا کی نظریاتی ہم آہنگی قوم، ریاست کے ساتھ منسلک رہی۔ گاہے بگاہے میڈیا ایک پہریدار اور نقیب کا کردار بھی ادا کرتا رہا لیکن میڈیا کی آزادانہ آواز کہیں دب کر رہ گئی تھی۔ وزیر اعظم اندرا گاندھی کے دور میں، خاص طور پر ایمرجنسی (1975-77) کے دوران، مرکزی دھارے کا میڈیا جھک گیا تھا یا اگر بھارتیہ جنتا پارٹی کے رہنما ایل کے ایڈوانی کے الفاظ میں کہیں تو 'یہ رینگنے لگا تھا'۔ لیکن اس کے بعد ملک میں لسانی صحافت کے عروج کے ساتھ پہلی بار میڈیا اپنی الگ شناخت کے ساتھ طاقت اور اقتدار کے خلاف کھڑا نظر آیا۔ لیکن وہ سرمائے کی گرفت میں آ گیا۔ خبریں بازار کے اشاروں پر تیار ہونے لگیں۔ اخبارات اور چینلوں میں خبروں اور نظریات کا کلچر معاصر سماج کی ضرورتوں سے زیادہ 'برانڈ' کی ضروریات کے مطابق پھیلایا جانے لگا۔ ایک ملاقات کے دوران سینئر صحافی راج کشور نے مجھ سے کہا:

''ہمارے میڈیا کو خود کو چوتھا ستون کہنا بند کر دینا چاہیے۔ اس نے کبھی بھی وہ کردار ادا نہیں کیا جو اس

58
صحافتی مزاحمت

نے مغرب میں ادا کیا ہے۔اسٹیٹس مین، انڈین ایکسپریس اور کسی حد تک ’ہندو‘ اس سے مستثنیٰ ہیں۔ ہماری جمہوریت اتنی ہی گندی ہے جتنی ہماری میڈیا۔‘‘(9)

دوسرے لفظوں میں ’واچ ڈاگ‘ کے بجائے میڈیا کا کردار ’لیپ ڈاگ‘ کا ہی رہا۔ حالیہ برسوں میں دیگر میڈیا گروپس کے ساتھ ساتھ ’انڈین ایکسپریس‘ کی صحافت پر بھی حکومت کے ساتھ ساز باز کے الزامات لگائے گئے ہیں، جب کہ یہ وہی انڈین ایکسپریس گروپ ہے جس نے ایمرجنسی کے دوران اندرا گاندھی کے اقتدار کے خلاف کھڑے ہونے کی ہمت دکھائی تھی۔

2014 کے عام انتخابات کے دوران سیاسی جماعتوں، خاص طور پر بھارتیہ جنتا پارٹی نے جس طرح میڈیا مینیج کیا، وہ ایک علیحدہ تحقیق کا موضوع ہے۔(10)اس انتخابی اشتہار بازی اور پروپیگنڈے کے ذریعے نریندر مودی ایک برانڈ کے طور پر ابھرے جسے میڈیا نے خوب بھُنایا۔

اس بات سے شاید ہی کوئی انکار کر پائے کہ اس الیکشن میں اکثر میڈیا ہاؤسز اتحادی سیاسی جماعت کا کردار ادا کر رہے تھے۔ خاص طور پر نیوز چینلوں کا کردار نہایت مشکوک رہا۔نریندر مودی کے اقتدار میں آنے کے بعد میڈیا میں ’سیلف سنسر شپ‘ بڑھ گئی ہے۔اگر ہم گزشتہ چھ سالوں میں میڈیا کے مواد یا کنٹینٹ کا تجزیہ کریں تو معلوم ہوتا ہے کہ مین اسٹریم میڈیا کے اندر حکومت کی پالیسیوں اور کام کرنے کے طریقوں کے حوالے سے ایک خوف اور حکومت کے لیے بے جا حمایت کا رجحان حاوی ہے۔ایسے میں مین اسٹریم میڈیا اپنا کردار طے نہیں کر پا رہا ہے کہ وہ حکومت کے ساتھ ہے یا سماج کے ساتھ۔ عام لوگوں سے اس کی دوری بڑھتی جا رہی ہے جس سے جمہوری نظام میں اس کی قانونی حیثیت پر سوال اٹھنا ایک فطری امر ہے۔

حوالہ:

(1)دیکھیں، David Runciman، 'How Democracy End' (پروفائل کتب: لندن، 2018)؛اسٹیون لیوٹسکی اور ڈینئیل زیبلاٹ، ’ہاؤ ڈیموکریسیز ڈائی‘ (پینگوئن کی کتابیں: نئی دہلی، 2018)

(2)میں نے اپنی پہلی کتاب ’ہندی میں سماچار‘ (2013)میں ہندی اخبارات کے ذریعے ان تبدیلیوں کو دیکھنے کی کوشش کی تھی جو لبرلائزیشن کے بعد ہندوستانی ریاست اور سماج کی نوعیت میں ہونے والی تبدیلیوں کے خلاف ہندوستانی میڈیا میں رونما ہوئیں۔میں نے اس کتاب میں اب نکات پر تحقیق کی ہے کہ لبرلائزیشن کے ذریعہ عصری عالمگیریت نے ہندی صحافت کو کس طرح متاثر کیا ہے؟ ہندوستانی ریاست، سماج اور عالمگیریت کے ساتھ ہندی صحافت کا رشتہ کیسے پروان چڑھا؟ اسی سلسلے میں مجوزہ کتاب میڈیا پر بحث کی ایک کوشش ہے۔ یہ کتاب 21ویں صدی میں ہندی اخبارات، صحافت کی زبان، ٹیلی

ویژن اور آن لائن میڈیا کا تجزیہ کرتی ہے۔ایک طرح سے میں نے ایک خاکہ کھینچنے کی کوشش کی ہے۔ ہندوستان میں میڈیا اور تفریحی صنعت کے پیش نظر (1.8 لاکھ کروڑ روپے)، اس کی تمام جہتوں کا ایک کتاب میں احاطہ کرنا ناممکن ہے۔اس کے علاوہ، میرے مطالعہ کی اپنی تحدیدات ہیں۔ ہندی میڈیا اور سنیما میری تحقیق کا موضوع رہے ہیں اور عصری میڈیا کے خدشات اور ثقافت میری فکر کا بنیادی نکتہ ہیں۔ایک میڈیا محقق اور ایک پیشہ ور صحافی کے طور پر، میں نے اس کتاب میں نیوز روم کے اندر اور باہر جو تجربات اور فراست حاصل کی ہے اس کا استعمال کیا ہے۔پچھلی دو دہائیوں میں ٹیلی ویژن اور ڈیجیٹل میڈیا کی ترقی کے ساتھ بالی ووڈ کے علاوہ علاقائی سنیما نے بھی نمایاں ترقی کی ہے۔اس کی آہٹ قومی اور بین الاقوامی سطح پر محسوس کی جارہی ہے۔یہ فلمیں کثیر پہلوی اور کثیر جہتی ہیں جو ہندوستانی سنیما کو مالا مال کر رہی ہیں۔ ہندی خطے کے علاقائی سنیما میں جہاں بھوجپوری فلموں کا چرچا ہے وہیں میتھلی فلموں کو نظر انداز کر دیا جاتا ہے۔ جب کہ میتھلی فلموں کی تاریخ بھی بھوجپوری فلموں جتنی ہی قدیم ہے۔اس کتاب میں میتھلی سنیما پر بھی ایک مضمون شامل ہے۔میں مستقبل قریب میں آزادانہ طور پر سنیما پر کام کرنے کی خواہش رکھتا ہوں۔

(3) شوشنا زبوف، 'سرویلنس کیپٹلزم کا دور' (پروفائل کتب: لندن، 2019، صفحہ 512-519)

(4) رنجیت گوہا، 'ٹرانسمیشن'، اروندراجا گوپال (ایڈ.) 'دی انڈین پبلک اسفیئر' میں جمع (آکسفورڈ یونیورسٹی پریس: نئی دہلی، 2009)

(5) ابھیجیت بنرجی اور ایستھر ڈوفلو، 'مشکل وقت کے لیے اچھی اقتصادیات' (جگرناٹ: نئی دہلی، 2019 صفحہ 128-135)

(6) جولائی، 2017 میں، ہندوستان ٹائمز نے مذہب، ذات پات اور نسل کے نام پر ہونے والے جرائم کے لیے ایک قومی ڈیٹا بیس تیار کرنے کی پہل کی تھی۔اس میں ستمبر 2015 کے بعد ہونے والے جرائم کو ریکارڈ کیا گیا۔

(7) نریندر مودی کا راہول جوشی کے ساتھ انٹرویو، CNN نیٹ ورک 18، 2 ستمبر 2016

(8) تفصیلات کے لیے، دیکھئے کرن تھاپر، 'شیطان کے وکیل: دی ان ٹولڈ اسٹوری' (ہارپر کولنز: نوئیڈا، 2018، صفحہ 190-204)

(9) ذاتی گفتگو، راج کشور (2018)

(10) دیکھیں راجدیپ سردیسائی، 2014 'دی الیکشن جس نے انڈیا کو بدل دیا' (پینگوئن/ وائکنگ: نئی دہلی، 2014)

[بشکریہ 'سمالوچن'، 17 مارچ 2021]

سیاست میں بھکتی: تاناشاہی کی کلید

کویتا کرشنن

راشٹریہ سویم سیوک سنگھ 1925 میں بنا تھا۔ ہندو جن جاگرن سمیتی اور سناتن سنستھا جیسی بالا دست ہندو تنظیموں نے گزشتہ سال اعلان کیا کہ ہندوستان 2025 تک ہندو راشٹر بن جائے گا۔ یہی نہیں، راشٹریہ سویم سیوک سنگھ کے سرسنگھ چالک موہن بھاگوت نے کہا کہ ہندوستان تو ہندو راشٹر بنے گا ہی، 10-15 سال میں اکھنڈ بھارت (متحدہ ہندوستان) بھی بن جائے گا۔

''ہماری گاڑی چل پڑی ہے، اس میں صرف ایکسلریٹر ہے اور بریک نہیں ہے۔ جس کو بیٹھنا ہے ہمارے ساتھ بیٹھ جائے، لیکن جو راستے میں آئے گا وہ مٹ جائے گا۔''

مخالفین کو گاڑی کے نیچے کچلنے والا محاورہ سنگھ کے لوگوں کو بے انتہا پسند ہے۔ 2002 میں گجرات میں مسلمانوں کے قتل عام کے لیے ان کی ذمہ داری کے بارے میں پوچھے جانے پر مودی نے کہا تھا کہ ''گاڑی کے نیچے کتے کا پلا بھی کچل جائے تو افسوس تو ہوتا ہی ہے۔''

بنا بریک والی گاڑی میں اگر ایکسلریٹر چلا دیا جائے تو کیا نتیجہ ہوتا ہے؟ کوئی طفل مکتب بھی بتا سکتا ہے کہ ایسا کرنے پر ایک خوفناک حادثہ رونما ہونا یقینی ہے اور ایسے حادثے میں کوئی زندہ نہیں بچ پائے گا۔ ڈاکٹر امبیڈکر نے تو بہت پہلے بتا دیا تھا کہ اگر ہندوستان ہندو راشٹر بن گیا تو یہ ملک کے لیے سب سے بڑا حادثہ ہوگا۔

موہن بھاگوت اور نریندر مودی کی بنا بریک والی گاڑی اپنے ساتھ پورے ملک کو اس حادثے کی طرف لے جا رہی ہے۔ نفرت کے ایندھن پر چلنے والی یہ بے لگام گاڑی، اقتدار کے نشے میں دھت یہ ڈرائیور، سب متحدہ ہندوستان کا سراب دکھا کر تیز رفتاری سے دوڑ رہے ہیں۔ لیکن آگے صرف ایک گہری کھائی ہے، منھ کھولے انتظار کر رہی ہے۔

کوئی بھی ملک تباہی کو اپنی منزل سمجھ کر سفر پر نہیں نکلتا۔ ہندوستان کے لوگ نریندر مودی کی گاڑی میں

’وکاس‘ کا وعدہ سن کر بیٹھ گئے اور سفر کے ہر پڑاؤ پر تباہی کے منحوس اشارے ملتے گئے۔

نفرت کا معمول بن جانا۔ ماب لنچنگ کی خبروں کا عام ہو جانا۔ نیو انڈیا کا نیو نارمل بن گیا؛ بغیر کسی ثبوت کے صرف حکومت سے سوال کرنے یا اس کے فیصلے کے خلاف پر امن احتجاج کرنے کے لیے لوگوں کو دہشت گرد قرار دے کر برسوں تک جیل میں ڈال دیا جانا، جبکہ ’گولی مارو... کو‘، ’سبزی کاٹنے والے چاقو کو تیز رکھنا تاکہ لو جہاد کرنے والے کا سر کاٹا جا سکے‘ کہنے والے جیل میں ایک دن بھی نہیں گزارتے، بلکہ ایم ایل اے، ایم پی بنے رہتے ہیں۔

عوام کے ساتھ کسی قسم کی بات چیت اور بحث کے بغیر، دنیا کو الٹ پلٹ کرنے والے حکومتی فیصلے آسمان سے بجلی کی طرح آتے ہیں؛ نوٹ بندی، جی ایس ٹی، زرعی قانون، لیبر کوڈ، آرٹیکل 370 کا رد کیا جانا۔ آسام میں دو لاکھ لوگوں کی شہریت کو مشتبہ بنانے والا این آر سی اور اسے پورے ملک میں نافذ کرنے کا اعلان۔

پھر این آر سی سے خوفزدہ لوگوں کو ’کرونالوجی‘ سمجھا دیا جانا کہ پہلے ’سی اے اے‘ لائیں گے، جو پڑوسی ممالک کے مسلمانوں کو چھوڑ کر تمام پناہ گزینوں کو شہریت فراہم کرے گا۔ این آر سی کی فہرست سے باہر رہ جانے والوں کو فلٹر کر کے ایسے تمام ’پناہ گزینوں‘ کو شہریت میں بیک ڈور سے داخلہ مل جائے گا۔ صرف ’گھس پیٹھی دیمکوں‘ کی شہریت چلی جائے گی۔ ’گھس پیٹھیوں‘ کو کپڑوں سے پہچان لیں گے۔

کرونالوجی، آپ نے سن لیا، آپ کو سمجھا دیا گیا۔ لیکن اگر آپ نے اس کرونالوجی کے بارے میں سماج کو خبردار کیا، تو آپ ملک کے دشمنوں کے ایجنٹ ہیں جو افواہ پھیلا رہے ہیں۔ ملک کے دشمنوں کی جگہ تو جیل ہے۔

’شوواہنی گنگا‘ کی ہولناک تصویر، ریپ کرنے والوں کے حق میں پہلی بار عوامی احتجاج (کٹھوعہ واقعہ، اناؤ واقعہ، آسارام، رام رحیم)۔ اسی ’نو بریک اونلی ایکسلریٹر‘ والی گاڑی کی رفتار سے بڑھتی مہنگائی اور بڑھتی ہوئی بے روزگاری کی شرح 45 سال کی بلند ترین سطح پر پہنچ گئی۔

لیکن ان سب کے باوجود روزانہ ٹیلی ویژن کے پردے پر چمکتے ہوئے چہرے اور چمکتے دانتوں والی مسکراہٹ چپکائے اینکر بتاتے رہے ہیں کہ ’سب چنگا ہے‘ گاڑی بالکل صحیح چل رہی ہے۔ گاڑی کی سمت یا رفتار پر شک کرنے والا یا سوال کرنے والا ملک کا دشمن، ملک کی ترقی کا دشمن۔

خیر مان لیا کہ اس گاڑی میں خطرات ہیں، لیکن اگر یہ گاڑی نہیں تو کون سی؟ اس کے علاوہ کوئی چارہ نہیں۔ اوہ! گاڑی کے نیچے کچلے جانے والوں کی چیخیں سن کر آپ بے چین ہیں؟ لیکن جب تک آپ گاڑی میں بیٹھے ہیں، تب تک کچلے جانے کا خطرہ تو ہے نہیں!

کچلے جائیں گے تو صرف ملک کے دشمن۔ آپ گھبرا رہے ہیں؟ کہیں آپ ملک کے دشمن تو نہیں؟ چہرے پر شکن سے ملک کے دشمن پہچانے جاتے ہیں۔ کچلے جانے والوں کی فکر کرنا بھی ملک کے دشمن ہونے کی پہچان ہے۔ دوستوں کے درمیان یا باؤنڈری وال کے اندر، آپ نے سرگوشی کے انداز میں ڈرائیوروں

کے حوالے سے ذرا بھی سوال کیا؛ یہاں تک کہ اپنے بستر پر لیٹے لیٹے اپنے خواب میں بھی اگر سوال آنے دیا تو ڈرائیوروں کو پتہ چل جائے گا۔

اگر آپ ملک کے ساتھ ہیں تو روزانہ گاڑی کے لیے اپنی بھکتی اور عقیدت کا مظاہرہ کیجیے۔ سب کو بتائیے کہ ہر پڑاؤ پر خوشیاں ہی خوشیاں ہیں۔ سب سے کہیے کہ چیخوں کی آواز، سڑتے ہوئے ملک صرف ٹھگنی کی آواز ہے، جس کو ملک کے دشمنوں نے بھیجا ہے آپ کو مایا جال میں پھنسانے، کان بند کرلیں۔

ملک کے اتنے لوگوں نے اس گاڑی کو بھاری ووٹوں سے منتخب کیا کہ کوئی دوسری گاڑی تو منتخب ہونے کے قریب بھی نہیں پہنچی۔ اس گاڑی کے علاوہ تمام گاڑیوں سے میدان تیزی سے 'مکت' (آزاد) ہو رہا ہے۔ اکثریت کے اس یکطرفہ فیصلے پر سوال اٹھانا جمہوریت کے اصولوں کے خلاف نہیں ہے؟

بہر حال، 26 نومبر 1949 کو دستور ساز اسمبلی میں ہندوستان کے آئین کا پہلا مسودہ پیش کرتے ہوئے ڈاکٹر امبیڈکر نے جو کچھ کہا تھا، اسے پڑھ کر رونگٹے کھڑے ہو جاتے ہیں کیونکہ ایسا لگتا ہے کہ آج وہ ہمارے سامنے بیٹھ کر ہی ہم سے باتیں کر رہے ہیں۔

ملک کے روشن مستقبل کی بنیاد رکھنے کے لیے جشن کے ماحول کو شدید تحفظات کا اظہار کر کے خراب کرنا، اس فضا کو مکدر کرنا تو دیدہ دلیری ہی تھی! یہ جان کر ڈاکٹر امبیڈکر نے کہا کہ "میں اپنی بات یہیں ختم کر دیتا، لیکن میں اپنے ملک کے مستقبل کے بارے میں اتنا فکر مند ہوں کہ میں اس موضوع پر بھی کچھ کہنا چاہتا ہوں۔"

ان کی فکر کیا تھی؟ کہ آئین کے باوجود ہندوستان میں 'جمہوریت کی جگہ آمریت' نہ لے لے۔ اگر ڈاکٹر امبیڈکر یہ کہتے تو حیرت نہ ہوتی کہ جمہوریت کو آمریت سے بچانے کے لیے آئین اور انتخابی نظام کو مضبوط رکھنے کی ضرورت ہے لیکن ان جیسے دوربیں رہنما کو ملک کے سفر کے آغاز سے پہلے ہی آگے کی کھائی کے خطرے کا بالکل درست اندازہ تھا۔ اور یہ بھی کہ یہ خطرہ انتخابات کے باوجود نہیں بلکہ انتخابات میں حکمران جماعت کی یکطرفہ جیت اور اپوزیشن کی کمزوری کی وجہ سے پیدا ہوتا ہے۔

انھوں نے کہا تھا کہ "اس نوزائیدہ جمہوریت کے لیے یہ عین ممکن ہے کہ وہ جمہوریت کا ملمع برقرار رکھے، لیکن حقیقت میں یہ آمریت میں تبدیل ہو جائے۔"

جب بی جے پی لیڈر مودی جی کے انتخاب میں 'مہا وجے' (بے مثال کامیابی) کو جمہوریت کہتے ہیں، مودی جی سے سوال یا اختلاف کرنے والوں کو جمہوریت کا دشمن بتاتے ہیں، اور اپوزیشن سے پاک ہندوستان کے ہدف کا اعلان کرتے ہیں، تب وہ ڈاکٹر امبیڈکر کی تنبیہ کو درست ثابت کر رہے ہیں؛ "انتخابات میں شاندار کامیابی کی صورت میں اس امکان کے حقیقت بننے کا خطرہ زیادہ ہے۔"

اس خطرے سے کیسے بچا جائے؟ یہ انھوں نے ملک کے لیڈروں کو نہیں بلکہ ملک کے عوام کو نصیحت دی تھی۔

انھوں نے مستقبل کے شہریوں سے، یعنی ہم لوگوں سے کہا:

''اپنی آزادیوں کو کسی مہانا یک (بڑے رہنما) کے قدموں میں نہ سونپ دیں۔ اس پر اس حد تک بھروسہ نہ کریں، اسے اتنا اختیار نہ دیں کہ وہ جمہوری اداروں کو تباہ کرنے کے قابل ہو جائے۔

''پارلیامنٹ، مقننہ، عدلیہ، پولیس، عدالتیں، الیکشن کمیشن، ای ڈی، پبلک سیکٹر کے بینک جیسے تمام اداروں کو تباہ کرنے کا مطلب؛ ان کے اور حکومت کے درمیان فاصلے کا کم ہو جانا، دونوں میں گھال میل ہو جانا، حکومت سے ان اداروں کی آزادی کو کمزور کرنا۔''

ڈاکٹر امبیڈکر نے واضح طور پر کہا کہ ''یہ احتیاط کسی بھی دوسرے ملک کے مقابلے میں ہندوستان کے معاملے میں زیادہ ضروری ہے،'' کیونکہ ''بھکتی یا ہیرو ورشپ ہندوستان کی سیاست میں جو کردار ادا کرتی ہے اس کا نتیجہ ہے کہ دنیا کا کوئی بھی ملک ہندوستان کا مقابلہ نہیں کر سکتا۔ مذہب کے میدان میں بھکتی روح کی نجات کا راستہ ہو سکتی ہے، لیکن سیاست میں بھکتی یا ہیرو ورشپ زوال اور بالآخر تانا شاہی کا سیدھا راستہ ہے۔''

ڈاکٹر امبیڈکر کی اس دوبیں وارننگ کو سننے اور سمجھنے کے لیے ابھی دیر ہے۔ جب تک ٹائی ٹینک کے کپتان نے آئس برگ کو دیکھا، تب تک جہاز کی رفتار اتنی تیز تھی اور آئس برگ اتنا قریب تھا کہ کسی بھیانک اور مہلک تباہی سے بچنا ناممکن تھا۔

آج شہاب ثاقب کی رفتار سے آمریت کی طرف دوڑتی بے لگام گاڑی ٹائی ٹینک کے اسکیل کی تباہی کی منتظر ہے۔ ملک کو تباہی سے بچانے کے لیے ضروری ہے کہ بے لگام ڈرائیوروں کی پرستش کی عادت ترک کی جائے، اپنی آزادی ان کے قدموں میں نہ ڈالیں، ان کے ہاتھ میں نہیں بلکہ اسٹیئرنگ، نقشہ اور گاڑی کی چابیاں اپنے پاس رکھیں۔ اگر ڈرائیور چابی، اسٹیئرنگ اور نقشہ آپ کے حوالے کرنے کو تیار نہیں تو سمجھ لیں کہ آمریت کی منزل زیادہ دور نہیں۔ ہندوستان کے لوگوں کو جلد از جلد اس گاڑی سے اترنا چاہیے، تب ہی ملک کو بچایا جا سکتا ہے۔

[بشکریہ 'دی وائر'، 16 مارچ 2023]

www.ingramcontent.com/pod-product-compliance
Lightning Source LLC
LaVergne TN
LVHW041634070526
838199LV00052B/3357